오 마이 갓
오 마이 로드

오 마이 갓 오 마이 로드

초판 1쇄 인쇄 2020년 9월 10일
초판 1쇄 발행 2020년 9월 20일

지은이 방영미
펴낸이 정해종
편 집 정명효
디자인 유혜현

펴낸곳 ㈜파람북
출판등록 2018년 4월 30일 제2018-000126호
주소 서울특별시 마포구 양화로 12길 8-9, 2층
전자우편 info@parambook.co.kr **인스타그램** @param.book
페이스북 www.facebook.com/parambook/ **네이버 포스트** m.post.naver.com/parambook
대표전화 (편집) 02-2038-2633 (마케팅) 070-4353-0561

ISBN 979-11-90052-40-5 03200
책값은 뒤표지에 있습니다.

책임 편집 김지환 **표지 디자인** 김승일

오 — 마이 갓

바이러스 × 종교 × 진화

오 마이 — 로드

OH MY GOD! OH MY LORD!

방영미 지음

파람북

비대면 시대의 종교는 어떻게 진화할 것인가

살면서 정말 하고 싶지 않은 생각, 왜 나는 그때 그랬을까? 그렇게 많은 시간을 과거의 그때 그 지점으로 되돌려 복기해봐야 아무것도 달라지지 않는다. 내가 언제 제대로 현실감각을 가져본 적은 있었나 하는 불쾌한 깨달음만 있을 뿐이다. 땅을 볼 때도 발이 땅에 닿지 않았고, 하늘을 볼 때도 땅에서 그리 멀어지지 못했다.

어린 왕자에게 지구가 낯선 행성이듯, 내게 현실은 대체로 서먹하고 이질적이다. 무더운 한여름 두서없는 낮잠처럼 나른하고 끈끈한 시간들, 그래서 과거에 발목 잡히지도 미래가 새삼 이정표가 되지도 않았다. 그렇게 새삼 두려울 것도 슬퍼할 것도 없던 시절, 마른하늘에 날벼락처럼 나는 인간에게 대체 종교가 뭐길래 이토록 종교에 인간들이 휘둘리는가 하는 화두에 정면으로 강타당해버렸다.

거기에 더해 죽음의 문제를 죽도록 많이 생각한 결과 언제 죽어도 좋다는 건 오늘 죽어도 괜찮을 만큼 내일이 없는 것처럼 사는 거 아냐? 그런 결론에 도달했다. 그러자 두려울 것이 없어졌다. 그래서 경제적으로 가장 어려울 때, 대책 없이 종교학 공부를 시작했다. 소시민의 삶이 대개가 그렇듯 돈 있을 땐 시간이 없고 시간 있을 땐 돈이 없기 마련이다. 그런데 어차피 내일 죽어도 좋다면, 종교학을 공부하다 죽는 것도 나쁘지 않다 싶었다.

그렇게 종교학을, 세부 전공으로는 신학을 석사로 시작해서 박사로 마치고 나니 학사 2개, 석사 2개, 박사 1개, 학위수집가가 되어 있었다. 그럼 어리석음은 좀 덜해졌을까? 천만에, 언제나 세상이 어렵고 인간이 어렵고 사는 게 참 쉽지 않다. 그래서 이 책을 쓰게 됐다. 나만 이렇게 어려운 건 아닐 거라는 생각에 내가 공부하면서 알게된 걸 나누면 좋겠다 싶어서.

혼밥 혼술이 시대의 트렌드가 되기 전에도 우린 늘 각각이 혼자였다. 더러는 태어나면서부터 대다수는 살아가면서 알게 되는 진실, 우린 타자와 거의 아무것도 나눌 수가 없다?! 기쁨을 나눌 땐 질시를 조심해야 하며, 슬픔을 나눌 땐 비판을 조심해야 한다는 걸 겪으면 더 이상 무언가를 나누려고 노력하지 않게 된다. 그러나 지금 이 시간에도 어디선가 누구는 혼자 울고 있을 것이다. 그런 이유로 나는 종교는 버려도 신앙은 버리지 못하겠다.

2020년 코로나19는 마치 기존 종교에 내려진 심판인 양 종교계의 무지와 탐욕을 적나라하게 드러냈다. 교회발 확진자가 끊이지 않는 현 시국에서 나 역시 이런 상황을 옹호할 이유도 의지도 전혀 없다. 어차피 제도종교 따위 사라져도 상관없으니까. 그런데 문제는 그렇게 간단하지 않다는 것이다. 우리 안의 종교성이 살아 있는 한 종교는 계속 사람들을 미혹할 게 뻔하므로.

그럼 어쩌자고? 인간은 태초 이래 지금까지 쭉 종교적이었다. 인간에게 죽음이 있다는 것, 그래서 끝을 볼 수 있다는 건 축복이다. 영생이란 얼마나 끔찍한 형벌인가. 인간의 성정상 영생이 주어진다면, 그 탐욕이 얼마나 더 잔혹해질까 상상하기도 무섭다. 100년도 못 사는 세상에서도 천만년을 살 것처럼 폭주하는 인간들이 진짜 영생의 시간을 살게 된다면, 세상은 순식간에 지금보다 백만 배는 더한 아수라장이 될 것이다. 부끄러워할 것도 지킬 것도 없는 세상에서 인간답게 산다는 것이 무엇인지 질문조차 할 필요가 없어지기에.

현재의 삶이 힘들어서 종교에 기댔다가 상처받은 사람들, 거짓 희망에 묶여서 영혼을 저당 잡힌 사람들, 너무 멀리 가서 되돌아올 힘이 없는 사람들, 아직도 우리 사회에는 그런 사람들이 지나치게 많고 앞으로도 사라지지 않을 것이다. 왜 우리는 스스로 지옥을 만들어놓고 서로를 사탄이라 부르는 걸까.

그래서 신은 죽지 못했다. 신의 이름으로 아수라장이 된 세상에서 신은 죽고 싶어도 죽을 수가 없는 것이다.

자유로운 삶을 꿈꾸는 당신을 위해!

방영미

차례

Part 1

팬데믹에 심판당한 종교

Part 2
제도종교를 버려라

Part 3

종교, 섹스, 그리고 **신앙**

Part 4

잠깐, 신앙은 버리지 말아봐

Part 1

×

팬데믹에
심판당한 종교

코로나19에 멈춰버린 설국열차

코로나19는 미친 듯이 질주하는 설국열차를 국경과 인종과 종교를 초월해 일말의 망설임도 없이 단박에 멈춰버렸다. 전염병이라는 특유의 공포로 인간과 인간 사이를 벌려놓고, 나라와 나라 사이를 막아놓으니 달리던 열차는 궤도 이탈 없이도 멈출 수밖에 없었다.

아무도 멈출 수 없을 것 같았던 폭주 기관차, 누구도 진행 방향을 묻지 못한 채 죽어라 달리기만 하던 그 맹목적인 설국열차가 코로나19 때문에 멈춰버렸다. 그동안 인류는 1할의 가진 자를 위한 광란의 질주가 그 1할마저도 위태롭게 할 거란 자각도 없었다. 나처럼 미숙한 인간도 답답해 죽을 것 같은데, 완전무결하다는 신이 이 세상을 보고 있노라면 오죽 속 터질까 싶다.

코로나19가 신이 내린 심판이 아니라면, 유독 전 세계 종교계가 쑥밭이 된 이유를 어떻게 설명할 수 있을까. 대중을 욕망으로 미혹하

오마이갓오마이로드

거나 권력으로 통제했던 종교부터 철퇴를 맞고 있다. 그 어리석음을 말로 못 알아먹으니 전염병으로 알게 하시는 거 아닌지…….

9할이 신음하면 1할도 무사할 수 없다. 이게 역사가 증명한 사실 아닌가. 나와 내 가족만 잘살면 괜찮을 것 같지만 절대 그렇지 않다. 그게 코로나19가 말하는 바 아닐까? 세상 무서울 것이 없는 천상천하 유아독존인 트럼프가 마지못해 비상사태를 선포하고, 성스러움의 상징 같은 각국의 종교 건물들이 폐쇄되고 성지순례가 금지되었다. 정부의 권고를 무시하고 예배를 드리는 족족 그곳에선 확진자가 나오고 있다.

전염병이 돌면 대체로 빈자들의 동네가 지역 봉쇄당하고, 없는 살림에 사재기하느라 인간성을 저당잡힌다. 그 틈에 부자들은 폭락한 동산과 부동산을 주워 담는 것이 정석이다. 그런데 이번엔 지나치게 발달한 인터넷 정보망 덕분에 일개 대중이 작금의 상황을 판단하고 분석하며 지역 간 정보를 주고받았다.

그 와중에 선진국 의료 시스템의 부실함이 드러났고, 각국 지도자들의 욕망과 계산이 드러났으며, 성스러움의 두께만큼 속물성이 드러났다. 누구라도 위선을 떨면 금방 들통나버리는 구조에 지독할 만큼의 투명성을 요구받는 상황이다. 그래서 코로나19는 선택권 없이 우리 인간에게 반성을 강요하고 성찰을 강제한다.

비대면 접촉은 신앙의 진화 과정

코로나19가 불러온 가장 난감한 문제는 대면 접촉 불가, 즉 사람끼리 현장에서 직접 만나면 안 된다는 것이다. 여러 종교 중 특히 개신교가 이런 팬데믹 상황에서 문제를 자꾸 일으키는 이유도 그간 개신교는 잦은 모임을 통해 교류하고, 그때마다 함께 식사하는 것을 대단히 중요하게 여겼기 때문이다. 그래서 천주교에서는 생소한, 예배 후 식사라는 것이 개신교에는 존재한다. 1인 가구가 폭증하고 홀로 독야청청한 인간들이 많아지는 세상에서 어쩌면 그런 전통은 충분히 미덕이 될 수도 있었다. 모임과 식사라는 측면만 놓고 보자면 말이다.

우리가 아무리 인터넷 강국에서 산다 해도 비대면 접촉이 갖는 한계는 분명 있다. 체온이 전달되지 않는 교류에 익숙지 않은 탓도 있고, 단체별 개인별 장비와 기술 습득의 차이도 있다. 특히나 종교

오마이갓 오마이 로드

처럼 오래된 관행을 아름다운 전통이라 여기는 집단에선 새로운 국면을 맞이했다는 것 자체가 공포고 스트레스다. 자고로 변화와 혁신이란 내부적 각성이 아니라 외부적 압력에 의해 진행되는 법, 이게 진화의 핵심이고 발생 조건이다.

그럼 제도종교가 진화를 거부하면 어떻게 될까? 퇴행이냐 고립이냐 퇴행으로 인한 고립이냐, 선택은 별로 없어 보인다. 더욱이 한국 종교는 기복신앙의 토대 위에서 세속적 욕망을 배경으로 부흥한 만큼 세상의 변화를 외면할 수는 없을 것이다. 그래서 권장하는 것이 비대면 접촉 곧 온라인 활용이다. 온라인 예배, 온라인 만남 등.

천주교는 평화방송이 중계 미사로 그 역할을 담당하고 있다. 그리고 신기하리만치 천주교는 절대 버리지 못할 것 같았던 성체성사를 포기했다. 미사의 꽃이자 고갱이로 여겨온 성체성사가 기도문 낭독인 신령성체(신영성체)로 대체되어도 미사의 본질과 천주교의 정체성에 아무 문제가 없었다. 놀라운 변화다. 천주교의 절차적 형식을 중시하는 태도가 시대의 요구에 따라 진화 과정을 겪은 것이다.

그동안 제도종교는 내적 성숙 없이 외적 성장에 치중했다. 그래서 코로나 이전에도 비종교인들은 개신교 목사는 자영업자, 천주교 신부는 공무원이라 말해왔다. 그러니 개신교가 팬데믹 상황에서 훨씬 더 힘들 수밖에 없다고 동정하는 사람들, 공무원이 뭔 걱정이냐, 먹고사는 문제에 장사 없다며 종교를 철저히 세속의 영역에서 이해하는 사람들이 늘고 있다는 사실을 종교인들은 알까? 자신들을 바라보는 비종교인들의 시선을 깨닫지 못한 채, 여전히 신자 수 감소나 후원금 축소 같은 문제에만 매달리고 있다.

제도종교의 위기가 곧 종교성의 위축도 아니고, 종교의 변화가 곧 신앙의 변질도 아니다. 지금 코로나가 드러낸 건 현재 존재하는 제도종교의 폐해에 불과하다. 중세를 끝장낸 흑사병은 구교인 가톨릭을 쇠락의 길로 몰아넣었지만, 이후 신교인 개신교 부흥의 토대가 되었다. 온 우주가 진화의 과정에 있는데 종교라고 예외일까? 종교 자체는 망하지 않는다. 다만 진화를 거쳐 시대에 적응하는 종교가 살아남을 뿐이다. 인간의 기본 속성 중에는 여전히 종교성이 있으며, 그것이 다른 동물과 차별되는 특성이기 때문이다.

오 마이 갓 오 마이 로드

한국교회의 추락하는 날개, 전광훈

코로나19를 온 나라 전체에 확산한 혐의로 한국교회에서 가장 유명해진 목사 전광훈, 그에게 목사 칭호가 적합한지 따질 수조차 없는 것이 한국교회의 실정이다. 현재 그는 소속 교단에서 면직당했지만, 스스로 새 교단을 세워 목사직을 유지하고 있다. 안양대 졸업이 허위학력으로 밝혀졌어도 인가받지 않은 신학교가 많은 현실에서, 더욱이 개별교회를 강조하는 개신교 입장에선 특별히 제재할 방법이 없다. 아니, 그동안 교계에서 제대로 반대 또는 비판의 목소리 한 번 크게 내지 않았다는 것이 더 정확한 진단일 것이다. 왜?

전광훈이 태극기 부대로 광화문에서 물의를 일으킬 때만 해도 일부 보수 정치권과 극우 성향의 대형교회는 같은 노선을 유지했다. 반문재인만 외치면 모두 한 팀이니까, 내 기득권을 유지하거나 확장하는 모든 행위가 정의구현이니까, 다수 국민이 자꾸 목소리를 내는 시끄러운 민주주의 사회에서 종교만큼 백성들을 길들이기 쉬운 것도 없으니까, 그리고 그 백성들조차 국민 주권을 외치는 유권자니까.

그간 교회는 상식을 벗어나도 정교분리의 원칙하에 독자성을 인정받았고, 성령이나 계시를 앞세워 세속법의 굴레를 피해왔다. 그런데 문제는 전광훈처럼 세속적 욕망이 비대한 종교인이 종교를 방패 삼아 정치 권력을 탐한다는 것이다. 그리고 더 큰 문제는 그로 인한 부작용과 피해를 고스란히 사회적 비용으로 감당해야 한다는 사실이다. 이 지점에서 국민적 공분이 폭발한다. 자기만 죽을 것이지 아무 상관도 없는 사람까지 전염병으로 죽이려 들어?

사랑제일교회 등록 신자가 4,000명이 넘는단다. 한때 정치인 김무성과 김문수도 그 교회 예배에 참석한 모습이 카메라에 잡혔다. 대체 왜 신도들은 전광훈의 거친 표현에 열광하고, 단순 무지한 행동에 영혼을 빼앗기는 걸까? 대체 왜 저런 말초적인 자극에 그토록 약한 것일까? 물론 한 바구니에 담을 수 없을 정도로 다양하고 다채로운 이유가 존재한다. 그러나 적어도 그들이 이성적인 시민이나 합리적인 신앙인으로 여겨지지 않는 것만은 분명하다. 그들 역시 이런 고단한 것들은 좋아하지 않으니 상관없는 일이겠지만.

무리 짓는 행동에서 이익이 발생하는 건 당연지사, 더 큰 무리가 더 큰 이익을 보장하는 것 역시 살면서 익히 경험해온 바다. 그게 정서적 유대든 물질적 혜택이든 사회적 인정이든 다수 속에 있으면

오 마이 갓 오 마이 로드

그래서 안심하기 마련이다. 내가 이상한 사람이 아니란 보증 같다. 그런데 또 특별한 존재가 되고 싶기도 하다. 급성장한 교회의 배경에는 이런 신자들의 심리가 작동한다.

그리고 무엇보다 한국교회의 초고속성장 배경에서 부흥사들의 역할을 빼놓을 수 없다. 인기 있는 부흥사인 전광훈 씨처럼 그들 중 일부가 자가발전을 일으켜 정교분리의 원칙을 깨고 세속적 권력을 꾀해도 그런대로 넘어가주는 분위기가 있었다. 교회가 이를 묵인하고 심지어 이용하기까지 했다. 그로 인해 이제 한국교회는 가뜩이나 추락 중이었는데, 전광훈이라는 망가진 날개로 수직 낙하의 가속도가 붙어버렸다. 어쩌면 이것이 그의 소명이 아닐까 싶을 정도로 그는 탐욕과 거짓 위에 세워진 위선의 교회를 지금 제대로 붕괴시키는 중이다.

자신의 교회가 바이러스 테러를 당했다고 주장하는 전광훈 씨도 코로나19에 감염되었다. 그의 확진 사실이 알려지자 누구는 순교라고 우길까 우려되니 살아서 고생 좀 해야 한다며 분노했다. 누구는 이참에 천국 가는 것이 국가와 사회에 유익한 일이라고 조롱했다. 이 와중에 누구는 포털 기사 댓글로 하느님이 진짜 살아계심을 보여주는 일이라고 간증했다. 사랑제일교회 확진자가 이미 천백 명을 넘은데다 관련 확진자도 계속 증가 추세인 상황에서 이제 우리의 관심사는 전광훈의 회복 여부다. 기꺼이 자발적으로 독사의 자식이 되어버린 그가 과연 회개할 수 있을까? 그거야말로 기적을 바라는 일이다. 그에게 죽음보다 낯설고 고통보다 공포스러운 것이 회개일 테니까.

오마이갓 오마이 로드

신천지 이만희 씨의 박근혜 시계는 가짜?

신천지는 모략 전도로 성장하고 부흥했다. 모략이 나쁜 줄 알아도 버리기 어려운 이유다. 사람의 약점을 파고들어 천천히 대상자를 길들이는 전도 방법, 그걸 어떻게 이해할 수 있으랴. 더구나 감염률 높고 정체도 불분명한 코로나19를 확산하는 데 모략 전도가 가장 큰 원인이 됐다. 그러니 가뜩이나 기존 종교계의 타도 대상인 신천지는 심판받아 마땅한 존재로 전 국민에게 낙인찍혔다.

그런데 왜 이만희 씨는 기독교 관련 기성 종교가 가장 치를 떠는 이단 신천지의 교주면서 어쩜 그렇게나 카리스마라곤 1그램도 없이 나타났을까? 어쩜 그렇게도 무방비하게 사회적 압박에 못 이겨 저지른 기자회견이란 걸 전혀 감추지 못한 채 90세(1931년생) 촌부의 날것 그대로를 드러냈을까? 공포에 직면해 불안하게 움직이는 눈동자와 긴장으로 떨리는 목소리, 질문에 대한 낮은 이해도, 당황스러울 만큼 질서를 잃은 인지력, 한마디로 총체적 난국이다.

대한민국을 코로나19로 발칵 뒤집어놓고, 그전에는 모략 전도로 기성 기독교계를 전부 적으로 돌려놓고, 대체 어쩌자고 그렇게 속수무책 허술하고 황당무계한 기자회견을 할 수 있단 말인가. 신천지의 몰락은 자업자득이라 치자. 아무리 종교사업가라 해도 업계마다 상도덕이란 것이 있는 거니까. 그런데 정말 아득한 건 그런 신천지의 밥이었던 기성교단은 그럼 뭐냐는 것이다. 처참하다.

코로나와 독감을 구분하지 못하고, 음성반응이 뭔지도 모르는 그 아흔의 노인네는 귀도 잘 안 들리는지 눈앞의 기자들 질문을 직접 받지 못해 남에게 의지하고, 그마저도 대답을 잘하지 못해 급기야 실무진들에 의해 기자회견은 서둘러 종료당했다. 성경대로 이루어져 하느님의 말씀이 살아 있는 곳이라고 찰떡같이 믿는 신도들은 어쩌란 말인가. 적어도 그들이 사회 구성원으로서 연착륙할 기회는 줘야 하는데, 이건 뭐 해석의 여지도 주지 않고 순식간에 한없이 허망하게 망가져 있었다.

그리고 포털은 이만희 씨가 차고 있던 박근혜 서명 시계가 진짜냐 가짜냐로 엉겨서 싸우느라 겹겹이 도배됐다. 이건 또 뭘까? 총선을 앞두고 사상 초유의 양자역학 같은 선거법, 신은 주사위를 던지지 않는다며 아인슈타인이 부정했다는 현대물리학 같은 선거법 덕분에 2020년 대한민국 총선은 불확정성의 세계로 넘어가버렸다. 그래서

오 마이 갓 오 마이 로드

이제 남은 건 투명하게 욕망을 드러내는 일뿐.

 이만희 씨의 그 시계는 저의가 무엇이냐로 시작해서 온종일 정치적 함의로 사람들을 부글부글 들끓게 했다. 그러나 그 시계의 날짜가 31이었던 것, 올해 2월은 4년마다 오는 29일이 있었기에 3월 2일에 그의 시계 날짜는 31이었던 것, 그렇게 대한민국을 스릴러 공포 장르로 만들어놓고 그렇게 신천지는 신도들과 어깨 걸고 종말을 향해 미끄러져갔다.

교회가 현장 예배를 고집하는 이유

코로나19 확진자가 46명이 나온 이후 70명으로 증가한 은혜의 강 교회 목사는 앞으로 목회할 자신이 없다며 신문사 인터뷰에서 울먹였다. 죄송하다며, 분명 죄송한 마음도 있을 것이다. 그러나 그보단 두려움이 더 컸을 것이다. 선민의식이 무너졌을 때 느끼는 공포감, 그건 사회적 지탄보다 더 무서운 것이기에.

신천지가 부른 참극에도 불구하고 여전히 일부 교회가 현장 예배를 고집하면서, 교회가 코로나19 확진자를 양산하는 메카로 떠올라 시민단체들은 지자체에 지역 내 교회 예배를 금지해달라는 진정서를 제출했다. 종교인이라면 이 사태가 얼마나 참담한지 자각해야 한다.

그러나 그럴까? 대형교회는 온라인 예배 인프라가 있으니 안심하고, 천주교는 중앙권력의 결정에 의지하니 안심하고, 눈치 보며 예배를 드렸던 교회들은 아무 일도 일어나지 않았으니 안심하고, 문제

오마이 갓 오마이 로드

의 신천지마저 이 사태에도 남아 있는 신도들은 마귀의 시련을 이겨냈다고 안심할 것이다.

종교인으로 성장한 사람이나 종교 안에서 사는 사람들은 평균적인 대중보다 어휘량이 부족하다. 더구나 본인이 속한 교단의 전문어에만 익숙해 있어서 교회 밖의 언어를 잘 알아듣지 못한다. 그래도 괜찮다. 나는 하느님이 선택해 불러주신 선민이니까.

누구나 돈 때문에 현장 예배를 고집한다는 사실을 잘 안다. 이처럼 전 국민이 다 아는 사실을 교회만 모르는 척 아닌 척한다. 작은 교회는 당장 헌금이 줄어들면 운영이 힘들어진다. 대형교회만큼 빠르게 온라인 예배로 전환하고 계좌이체로 돌릴 만큼 행정력도 없다. 그러니 돈 때문이란 비난이 틀리지 않는다. 다만 그게 전부는 아니다.

공금 개념이 없던 수녀가 버럭 화를 내며 내게 소리쳤던 "나는 하늘을 우러러 한 점 부끄럼이 없어!" 그 말이 뇌리에서 떠나지 않는 건 박근혜의 결백 주장도 결국 이 논리에서 이루어졌기 때문이다. 내가 선민인데, 나를 위해 돈을 쓴 게 아닌데 감히 선민도 아닌 것들이 나를 재단하고 심판해? 짐이 국가인데, 짐의 결정은 모두 국가를 위한 건데 감히 미천한 백성 주제에 짐의 고귀함을 짓밟아?

아는 만큼 보이지만 아는 세계가 좁으니 아는 언어가 적고 아는 언어가 적으니 외부와 소통도 어렵다. 못 알아들으니 두렵고, 두려우니 적대한다. 그래서 나를 인정하지 못하는 외부는 다 사탄이어야 한다.

코로나19로 자꾸 소환되는 예수

이번엔 개척교회 목사들과 관련자들의 제주도 단체여행이 문제가 됐다. 그들 중 몇은 자신의 지역에서 또 다른 감염도 일으켰다. 인터넷 댓글 반응은 안 봐도 알 만하다. 신천지가 다시 소환되고 모든 개신교가 함께 욕먹는다. 그 와중에 불교, 천주교 봐라, 잘하고 있지 않냐는 칭찬 댓글도 눈에 띈다.

불교, 천주교가 특별히 잘해서가 아니다. 그냥 아무것도 안 해서 칭찬받는 것이다. 개신교가 워낙 사고를 크게 쳐주니 번번이 상대적으로 교양 있어 보인다. 그러니까 종교는 일반사회에 민폐만 끼치지 않아도 칭찬받는 존재가 되어버린 현실, 이 사실을 제도종교가 눈치 못 채면 그대로 사양길이다.

그래도 괜찮다 할 것이다. 기존 열성 신자들의 기대수명이 있으니 향후 20년은 너끈히 버티리라 안심하며 지금의 교계 기득권층이 알아서 변할 리 없다. 내 밥그릇만 챙기면 신의 은총을 벅차게 느낄 텐데, 무엇 때문에 흔들리는 신자나 헌금도 제대로 안 내는 신도에게 관심을 가지겠는가. 예수 팔아 장사하는 사람들에게 예수 재림은 어차피 빵 속에 들어 있는 스티커 같은 것이다. 다종다양한 스티커를 모아오도록 열심히 빵을 팔면 된다. 행여 그 스티커의 캐릭터가 실제 인물이라도 됐다간 그게 오히려 낭패다. 나의 안위를 위해 존재하는 예수만이 할렐루야고 아멘이다.

그렇다면 예수가 십자가에서 생을 마감하며 남긴 말 "주여, 저들을 용서하소서. 저들은 자신들이 무엇을 하는지 모르나이다." 이 말이 오늘날에도 통용될까? 그러기엔 오늘날의 종교인들, 대략 목사든 신부든 수도자든 평신도든 특별히 누구랄 것 없이 지나치게 많이 알고 넘치도록 영민하다. 그러니 '무지한 저들'보다는 충분히 알지만 그래서 모른 척하는 '독사의 자식들' 쪽에 더 가깝다.

우리나라에서 신천지 부흥은 한국 개신교의 부패가 토양이 된 것이었고, 세계사적으로 개신교의 성장은 당시 기득권인 가톨릭의 부조리를 토대 삼은 것이었다. 이제 와서 나는 달라, 우린 달라, 하는 모양새가 참 가관이다. 진짜로 예수가 한국교회에 재림이라도 한다면 "야, 이 독사의 자식들아!"를 수천 번 수만 번 외치다 예수 자신도 가나안 성도가 되실 각이다. 그나마 십자가형이 없는 게 다행이라면 다행이다.

부활절, 바이러스와 숙주의 관계

부활절이 조용히 지나갔다. 올해처럼 숨죽인 부활절이 있었을까? 코로나19가 없었어도 비기독교인들에게 부활절은 있는지도 모르는 날이다. 성탄절과 석탄일같이 노는 날이 아니므로 부활절은 아무 날도 아닌 일상의 어느 날일 뿐. 그러나 기독교인에게 부활절은 아무 날도 아닌 게 아니다.

부활절 없이는 기독교도 없는 거니까 유난한 날이고 특별한 날이고 없어서는 안 될 날이다. 그래서겠지만 카톡 문자로 "부활절을 축하합니다" 메시지가 넘치도록 들어온다. 그렇게 메시지가 날아올 때마다 드는 생각, 그런데 부활절이 축하할 날인가? 대체 뭘? 누굴?

세상에 해로운 종교가 넘쳐나고 바이러스처럼 기생하는 종교인이 넘쳐나지만, 그래도 차마 사람들이 죽어가는 전염병을 가리켜 신의 은총이라고 말할 만큼의 배짱은 없다. 하지만 적어도 각자 자신의 죽음을 염두에 두고 일상의 의미를 생각한다면, 우리의 삶이 조금은 달라지지 않을까 하는 기대가 생긴다. 무엇보다 종교가 있는 사람들에게 제발 세상의 탐욕 좀 내려놓으라고 강권할 기회를 얻은 것이다.

생존에 대한 맹목성은 그만큼 모든 생명체가 존재만으로도 가치가 있어서 그런 거라고 믿고 싶다. 그러나 사실 이런 위선과 포장에 우린 얼마나 지쳐 있는가. 살면서 얼마나 많이 그리고 자주 막돼먹은 사람들에게 상처 입었던가.

예수의 부활은 억울한 죽음에 대한 보상이다. 당대 유대인들, 특히 기득권층의 모략과 선동에 휘둘린 민중에게 죽임당한 젊은 선각자 예수의 부활은 신의 은혜일 뿐, 그 과정에서 인간은 어떠한 노력도 기여도 하지 않았다. 그러니까 부활절은 인간이 얼마나 이기적이고 무지한지를 성찰하는 날이지 결코 축하할 날이 아니다.

세상을 숙주 삼아 기생하는 종교, 무지한 사람들을 숙주 삼아 기생하는 종교인, 그런 바이러스 같은 종교와 종교인이 박멸되어야 비로소 부활절의 의미가 아프게 다가오고 종교와 신앙에 대한 가치가 순결하게 논의될 것이다.

침몰하는 종교계의 생존방식?

코로나19 확산에 교회 예배뿐 아니라 소모임도 문제가 되면서 7월 10일부터 정규예배 외 교회 소모임 금지라는 특단의 조치가 행정명령으로 떨어졌다. 이에 화가 난 개신교계의 반발은 각종 관련 단체의 성명서 발표와 청와대 국민청원으로 이어졌다. 그리고 결과는? 가뜩이나 교회발 확진자 발생에 피로한 비종교인들은 아무리 교회가 자영업이고 목사가 장사치라 해도 너무한다는 반응을 쏟아냈다.

그러면서 상대적으로 말 잘 듣는 천주교와 불교가 칭찬을 받았다. 아무것도 하지 않아서 받는 칭찬, 종교가 이렇게 후져지고 시대에 뒤떨어진 것을 어떻게 봐야 할까? 한때 한국에서 선진문화의 하나였던 종교가 21세기에는 후진문화로 전락해버렸다. 미개하고 구태스러우며 무지한 사람들의 모임, 그나마 속내를 이해해서 봐주는 정도가 탐욕스럽고 이기적이며 자기중심적인 집단, 이것이 작금의 교

오 마이 갓 오 마이 로드

회 이미지다.

　그래서 성당과 사찰은 칭찬받았으니 괜찮은 건가? 그럴 리가, 신천지와 기존 개신교가 철천지원수라는 것을 비개신교인들이 모르듯 개신교의 문제는 천주교를 포함한 기독교계의 문제로 확장되고, 같은 논리로 종교계의 문제가 비종교인들에게는 도긴개긴으로 보인다는 사실을 애써 외면해봤자 소용없다. 왜? 왜냐면 교회 소모임 금지 기간에 천주교 소모임도 자체 연기된 데가 많았기 때문이다. 무서우니까, 교회가 욕먹는 걸 뻔히 보면서 행여 그 대열에 낄까 봐.

　'신천지나 개신교'나 하던 여론인 만큼 그것은 언제든 '개신교나 천주교'나로 바뀔 수 있는 것이다. 행위의 결과가 같으면 변명의 여지도 없다. 감염률 엄청 높은 전염병 앞에서 어떤 구구한 변명이 통하겠는가. 순교야 제 목숨 자신이 알아서 하는 거지만 타인의 생명과 안전을 위협하는 전염병, 아직 백신도 치료제도 개발 안 된 미지의 질병 앞에서 종교는 한없이 무력한 존재임이 드러났다.

　결국 2주 만에 교회 소모임 금지는 풀렸다. 다만 그로부터 다시 2주 후인 8월 교회발 확진자 발생이 대폭 증가했다. 어쩔 것인가? 예배 후 모여서 밥을 먹는 게 문제라는 기사가 나왔다. 이런 기사를 보고 있노라면 교회에 모인 사람들이 정말 맹목적이고 개념 없어 보인다. 이를 어쩔 것인가? 과거 한국의 무당들을 미신 취급하며 탄압했던 기독교가 이제는 일반 대중에게 그때의 무속처럼 미신으로 보인다면?

교회 소모임 금지는 해수욕장 야간 음주 및 취사 금지와 같이 이뤄진 조치였고, 해수욕장에 내려진 행정명령은 8월 기준 여전히 유효하다. 그냥 그런 것이다. 사람이 많이 모이고 무방비 상태가 되기 쉬운 장소 또는 코로나19 확진자가 다른 곳에 비해 많이 발생한 집단에 대해 취해진 방역수칙 그 이상도 이하도 아니었다. 그런데 교회는 종교의 자유를 앞세워 집단 반발했고, 또다시 집단 감염으로 공공의 적을 자처하고 있다.

오마이갓 오마이 로드

개신교⊂기독교≠개독교≦기독교

우리 사회가 언제부터 '기독교'를 '개독교'라고 불렀을까? '예수천
국 불신지옥' 구호를 외치는 길거리 전도사들의 출현만큼 그 기원
은 기억에 없으나 어느 순간 익숙해져버렸다. 나무위키에도 '개독
교'가 등장할 정도로 일상화되었는데, 여전히 이에 대한 기독교계의
반성이 없다는 사실을 시민사회는 어떻게 이해해야 하는지.

개인주의와 이기주의를 구분하지 못하는 사람들이 다수인 사회
에서 종교의 자유는 집단 이기주의를 의도적으로 표방하며 성장해
왔다. 우리 교회만이 구원이고 축복도 계시도 직통인 '우리만 선민'
이란 주장을 앞세워 비대해졌지만, 누구도 이를 말리지 않았고 말릴
생각도 없었다. 물론 그 이유를 촘촘히 따지자면 옛날 전화번호부
책 두께의 사연이 존재한다. 개인 문제로 들어가면 구구절절 유사한
듯하면서도 개별 개별이 독자적으로 특수한 법이니까.

그러므로 개인 차원의 이유는 패스, 그럼 구조적 측면에서 본다면? 그간 종교권력과 정치권력은 서로 기생하며 공생해온 역사를 부인할 수 없다. 제국주의의 상징 같은 기독교가 식민지 백성을 효율적으로 통제하는 데 얼마나 효과적이었는지는 우리나라만 봐도 자명하다. 이렇게 말하면 자생한 기독교인 천주교가 화낼 수 있다. 우리는 서구의 선진사상으로 기독교를 이해했으며, 자발적으로 수용해서 순교를 통해 전파했다고. 그러나 일제 강점기를 거치며 일본교구 산하에 있게 된 한국 천주교는 세속권력에 제대로 순종하는 모습을 보였다.

그런데 21세기 오늘날의 백성은 자꾸 시민으로 진화 중이다. 그래서 국가의 역할이 국민의 안전 유지와 개인의 자율성 보장 등 공동체 구성원 하나하나의 삶을 수호하는 것이라고 시도 때도 없이 시끄럽게 요구한다. 그러니 기득권이 유산인 계층이나 어렵게 기득권층에 새로 진입한 무리는 짜증이 나고 불쾌하다. 각종 갑질이 사회 구석구석에서 창궐하는 이유 중 하나다.

여전히 우리 사회 일부는 왕후장상의 씨가 따로 있고, 사람의 귀천을 하늘이 내는 것이라 믿는다. 그러나 폭력 없이 정권을 교체한 촛불집회의 성공에 전 세계가 감탄했으며, 우리 사회는 그 성과가 믿기지 않을 정도로 수준 높은 시민의식을 보여주었다. 그러자 이런 광화문의 저항성이 못마땅한 이른바 태극기 부대가 이후 성조기, 이

오 마이 갓 오 마이 로드

스라엘기, 심지어 일장기까지 동원해 우리나라 극우의 원천이 사대주의임을 드러냈다.

식민지 2등 신민의 정체성을 가진 조선 백성과 최첨단 IT 강국의 글로벌 시민이 혼재되어 공존하는 한국. 그래서 국민은 개, 돼지 논쟁이 끊임없이 반복되고 확대 재생산되는 사회. 그래서 상대 진영을 향해 거침없이 쏟아지는 너희가 개, 돼지라는 야유와 조롱이 가끔 국민 전체를 향해 확장되기도 한다. 대체 왜? 개, 돼지가 어떻길래?

가축은 주인의 가치관을 따지지 않는다. 주인의 인성을 탓하지도 않고, 설사 주인이 악인일지라도 주인 곁을 떠나지 않는다. 먹이만 제때 준다면 그 먹이의 질과도 크게 상관없다. 그런 점에서 개, 돼지는 배신 잘하고 때때로 서슴없이 교활해지는 인간보다 충직한 생명체다. 그런데 문제는 현대인들이 개, 돼지 대우에 안주하지 못한다는 것이다. 밥만 먹게 해주면 고개를 주억거리던 시절이 있었다. 그때를 그리워하는 사람도 있을 것이다. 그렇게 순하고 말 잘 듣던 백성이 몹쓸 시대를 맞아 변했다고 생각하는 사람도 있을 것이고.

인간은 참 상대적 동물이다. 사회 부정의는 참을 수 있지만, 나를 무시하는 건 죽어도 참을 수 없다. 민주주의가 진행될수록 인권이 성장할수록 개인이나 사회나 분노의 총량도 함께 증가한다. 이때 개, 돼지는 자신에게 먹이를 주는 주인님을 위협하는 존재에 분노와 적의를 느낀다. 주인에 의해 도살장에 끌려가도 감히 사람 흉내를 내지 않는 자기 분수를 아는 짐승들.

진영논리에 갇힌다는 건 주인이 밥 주는 울타리 안에서 행복해하는 개, 돼지의 속성이다. 국민이 주인 되는 세상? 그건 기존 기득권층에겐 주인에게 반항하며 덤비는 개, 돼지의 정신 나간 역모에 불과하다. 그러니 미친 개, 돼지는 몽둥이가 약이라 생각하는 것. 사람과 짐승이 겸상하면 안 되니까.

이 논리가 교회로 가면 신의 뜻에 절대복종하는 오직 충성인 '주의 종' 교리가 된다. 의심스러워도 묻지 않고 비상식적이어도 따지지 않는다. 그저 찬송이 기쁘고 신앙고백이 가슴 벅차다. 그래서 눈물의 통성기도가 가능한 우상의 매트릭스에 갇힌 신앙의 노예 상태가 되어버린다. 신이 어디 있냐고 하면 눈을 들어 담임목사를 보라, 직통 계시를 받는 그가 신의 대리자다, 그렇게 이어진다. 그 안에서도 어떤 이들에겐 이런 지배와 통제가 불편하지만, 여기서 나가면 벌 받을지도 모른다는 두려움에 선민으로서 떨리는 순종을 택한 신자들은 웬만한 고난과 시련 따위는 이겨낼 만하다.

요컨대 태어나면서부터 인간의 등급이 정해졌다고 믿는 사람들, 즉 선천적으로 주어진 것이 모든 것에 우선한다고 믿는 사람들을 가리켜 개, 돼지라 칭한다. 금수저, 흙수저 같은 수저론이 민주주의라는 외피 속에 만연한 신분제 사회를 풍자하는 것과는 결이 다르다. 반면 기독교의 선민의식은 신분제의 토대인 계급제도나 왕권신

수설과 직통하는 것이다. 그래서 신과 직거래하는 교회일수록 그런 교회의 목사일수록 세속적 욕망을 신앙의 힘으로 둔갑하는 데 탁월하다.

혹자는 개독교를 연상한다며 개신교란 명칭을 싫어라 하는데 구교인 가톨릭 곧 천주교에서 파생한 프로테스탄티즘을 개혁 신교 즉 개신교라 칭하는 것이다. 따라서 이 명칭에 편견이 생겼다면 그건 명백히 개신교가 자초한 일이다. 기독교는 그리스도교의 한자 차용어 버전이므로 개신교 외에도 가톨릭, 정교회 등을 포함하고 성공회는 개신교 계보다. 그러니 한국 개신교의 토착화된 고유명사 개독교가 환골탈태하지 않으면, 기독교 전체를 가리키는 보통명사가 될 수 있음을 신천지와 전광훈에 선 긋기 바쁜 기독교인들이 과연 자각할까? 글쎄, 종말은 그래서 오게 돼 있는 제도종교의 미래인데 그걸 모르니 어찌하리오.

이러다 교회가 차별금지법의 수혜자 된다?

차별금지법이 발의되자마자 교회 여기저기서 들고 일어났다. 그간 한국교회가 차별과 혐오를 자양분 삼아 무럭무럭 자란 사실을 반박하긴 어렵다. 공산당 빨갱이 척결의 계보를 이어받으며 비만해진 교회는 그동안 불교 사찰 밟기, 학교 단군상 부수기, 이슬람 적대하기, 그래서 할랄 식품 단지 무산시키기 등 차이를 차별로 치환하고 혐오를 교리로 무장하면서 사탄의 인형처럼 공포를 양산해왔다.

대체 차별금지법이 뭔데? 그냥 상식선에서, 그러니까 위키백과 수준에서 보자면 성별, 성 정체성, 장애(신체조건), 병력, 외모, 나이, 출신 국가, 출신 민족, 인종, 피부색, 언어, 출신 지역, 혼인 여부, 성 지향성, 임신 또는 출산, 가족 형태 및 가족 상황, 종교, 사상 또는 정치적 의견, 범죄 전력, 보호 처분, 학력, 사회적 신분 등을 이유로 정치적 · 경제적 · 사회적 · 문화적 생활의 모든 영역에서 합리적 이

오 마이 갓 오 마이 로드

유 없는 차별과 혐오 표현을 금지하는 법률이다. 2007년, 2010년, 2012년 등 세 차례에 걸쳐 입법을 시도했으나 회기 종료와 함께 폐기되었던 법이라고도 설명해놓았다. 이것이 2020년 다시 뜨거운 감자로 공론장에 등장했다.

온갖 종류의 차별과 혐오를 반대한다는 명제는 선험에 가까워 순수이성적이며 당위적이다. 그래서 이것을 반대하려면 인간의 밑바닥 저 아래를 드러내는 불편함을 무마할 뭔가 더 큰 명분이 필요하다. 여기서 개신교는 한국사회가 아직 껄끄러워하는 동성애 문제를 꼭 짚어 포괄적 차별금지법이 통과되면, 곧 동성결혼도 합법화될 것이라고 겁박하는 반대 운동을 주도하고 있다. 공산당과 이슬람도 꾸준히 악마화한 전력이 있으므로 새삼스러울 건 없다.

그런데 문제는 코로나 확산의 주범이 신천지에서 전광훈과 그 교인들로 이어지면서 개신교 포비아 현상이 생겨났다는 사실이다. 신천지는 그나마 형식적인 사과라도 하며, 방역 당국에 협조를 약속했다. 반면 전광훈은 자신의 교회가 외부에 의해 바이러스 테러를 당했다고 주장해 국민적 공분을 사버렸다. 당뇨라는 기저질환도 있다고 알려진 전광훈 본인을 포함해 교회 관련 확진자가 1,100명을 넘어섰는데도 반성은커녕 돌아올 수 없는 루비콘강을 건너버린 것이다.

게다가 확진자로 밝혀진 상황에서도 구급차에서 마스크를 턱에 걸친 채 웃으며 핸드폰을 만지는 장면이 기사 사진으로 도배되었다. 이를 본 국민들은 경악을 금치 못했고, 예상대로 포털 댓글은 전광훈과 그 추종자들에 대한 혐오와 분노로 폭발했다. 그들이 천국에 가도록 치료 대신 교회 안에 감금하라는 게 압도적이다. 그들은 순교라고 우기겠지만 우리 사회는 그들을 미신에 사로잡힌 광신도로 낙인찍었다. 보편성을 잃은 종교가 걷게 되는 종말의 길을 차근차근 밟는 중이라 하겠다.

그리고 벌써 "기독교인 출입금지", "교회 다니는 사람들 출입금지" 같은 문구가 붙은 식당이 등장했다. 차별과 혐오를 생산해온 교회가 이제 그 담론의 대상이 되어버린 셈이다. 그래서 포괄적 차별금지법이 통과되면 제일 먼저 기독교인이 수혜자가 되는 거 아니냐는 비아냥이 심상찮게 들려온다. 자업자득이니 누구를 탓하랴. 무저갱의 유황불 지옥 맛으로 겁박하던 기독교가 스스로 유황불 지옥의 장작이 된 것을.

한국기독교만 그런 것도 아니다. 코로나 이전에 이미 영국이 브렉시트로 발동, 우리가 대영제국이었으니 과거 힘센 놈이 누렸던 독재와 독점의 영광을 되찾으리라. 그렇게 가식과 위선의 종말에 시동을 걸더니 미국에선 트럼프의 당선으로 나의 이익이 진리임을 대놓고 주장했다. 물론 이리된 데는 대의명분 너울 아래 기득권을 오손도손 나눠 먹던 기존권력층에 대한 백성들의 염증이 있었다. 이렇게 전 세계가 너도나도 나만을 위한 탐욕이 인지상정이라고 당당히 외치는 시대를 열어젖혔다.

묵시록이 제시한 새 하늘 새 땅이 이렇게 시작되나 보다. 정의니 공의니 위선 떨어봐야 넘어갈 백성도 이젠 없다. 그러니 차라리 기득권의 이해관계를 보장하는 기존 권력층 유지와 그들의 질서가 무한경쟁 민주주의보다 속 편한 백성들, 즉 민주주의가 굉장히 피곤한 사람들은 틈틈이 부지런하게 기회를 놓치지 않고 차별과 혐오를 공정과 인지상정으로 치환한다.

남루하게 태어난 인간이 어느 날 지도자가 되는 꼴을 봐야 하는 세상, 왕후장상의 씨가 따로 있다고 생각하면 차라리 포기하고 견딜 만한 불평등인데 이놈의 민주주의는 기회도 안 주면서 비천한 너도 귀해질 수 있다고 사기 친다. 그게 더 사람을 초라하고 우울하게 만든다. 그래서 울울창창 혐오의 숲에 동병상련의 연대 의식이 깊어간다. 그런데 이를 말리는 대신 부추겨온 기독교는 마침내 차별과 혐오를 생산하고 유통하며 소비하는 입장에서 역전돼 차별과 혐오를 당하는 대상으로 전락해버렸다.

상대주의와 종교의 운명

세상에서 가장 어려운 개념 상대주의, 나는 대체 누가 이 개념을 이해할 수 있을까 싶다. 회전문도 중심축이 없으면 돌아가지 않는다. 하물며 기준 없는 상대주의란 애초 성립하지 않으며, 기준을 정하는 순간 저울질이 되므로 상대주의가 아니다. 정말 이용당하기 쉬운 개념이 아닌가?

간섭하면 오지랖이 되고 방치하면 무관심이 된다. 상호보완의 조화를 말하는 공자의 중용이나 가장 좋은 상태인 아리스토텔레스의 중용이나 현실에선 불가하니 유토피아에 불과하다. 이처럼 상대주의 또한 중용처럼 이념형에 지나지 않는다. 천국이 완전한 세상에 대한 로망이듯. 그래서겠지만 우리는 결코 천국에 가고 싶어 하지 않는다. 얼마나 많은 종교인이 살아서 부와 명예를 누리고 싶어 하는지 지치도록 봐왔다.

그러니 상대주의는 이해되지 않는 타자와 갈등을 피하고 싶어서 만든 상상의 산물일 뿐, 애초에 그런 태도도 그런 입장도 실제론 존재하지 않는다. 소통이란 게 결과적으론 일방의 일방에 대한 이해가 최선이듯 역지사지를 해 봐야 내가 상대가 아닌 한 타자에 대한 완전한 이해란 애당초 가당치 않다. 이해되지 않아도 수용할 수 있고 수용할 수 없으면 외면하는 게 인지상정이다. 지금처럼?

그렇다. 지금의 코로나 정국은 이런 인간의 심리를 극대화한다. 불필요한 만남을 최소화하고, 혼자만의 시간을 갖도록 독려한다. 비대면 접촉을 강권하는 사회에서 화상회의가 일반화되고, 그렇게 차츰차츰 인간관계에서 오는 스트레스를 줄여주고 있다면? 그렇다면 코로나 정국이 굳이 종교에 불리할 것도 없다. 신앙이 원래 자기 수양의 한 형태이며, 성찰은 각 개인의 몫 아닌가. 종교와 종교계가 다르고 종교와 신앙이 다른데 종교계는 마치 종교계가 종교고 종교가 신앙인 양 호도한다.

갈등이 표출되지 않으면 우린 상대를 이해했다고 착각한다. 그러나 인간의 뇌용량은 협소하고 마음의 쓰임은 제한적이며 영혼은 갇혀 있다. 그러니 어떻게 상대를 그 사람의 관점에서 생각하고 이해했다고 단언할 수 있을까. 선악의 상대성은 권력의 이동 때문이고 미추의 상대성은 시대의 변화 때문이며 주객의 상대성은 관점의 차이 때문 아닌가.

코로나19는 전염병이다. 그리고 이 전염병은 대륙 간 이동과 확산을 일으켜 인류를 팬데믹에 빠뜨렸다. 전염병 자체는 빈자와 부자를 차별하지 않는다. 그러나 이 기간이 길어질수록 회복이 어려운 건 빈자이며 피해의 강도 역시 빈자에게 타격이 크다. 이런 전 지구적 위기 상황에서 종교계는 자신들의 존폐만 걱정하고 있다.

종교계의 위기가 곧 종교의 위기가 아니듯, 종교의 시대적 변화가 곧 개인의 신앙심 위축으로 이어지지 않는다. 다만 종교계가 여전히 자신들만 걱정하는 한 14세기 흑사병이 당대 종교의 권위를 해체했던 교훈을 21세기에도 반복할 것이다.

그러니 종교인은 상대주의의 가식 속에 숨어 종교의 자유를 말하지 말자. 그렇게 기존 종교계의 안위와 보전만을 생각하지 말자. 대신 불변하는 종교의 가치와 여전히 종교에 기댈 수밖에 없는 인간적 한계 상황들에 집중해보라. 그럼 보이고 들릴 것이다, 종교의 운명이.

선택적 정의와 내로남불의 관계

누군들 선택적 정의에 빠지지 않을 수 있을까? 내게 이익을 주고 나한테 잘해준 사람의 잘못은 거슬리지 않는 게 인지상정. 나 역시 여기에서 자유롭지 못해 정도의 문제라며 판단을 회피할 때가 많다. 그렇기에 정도의 문제에서 공사 구분과 사회적 영향력의 여부를 기준 삼지 않으면 선택적 정의는 그 자체로 불의가 된다는 것, 권리만큼 의무 있고 권력만큼 책임 있는데 이게 안 되면 불공정에 대한 억울함이 혐오사회를 부른다는 것, 그것만큼은 양보할 수 없는 최저한 계선임을 잊지 않으려 한다.

　그런데 나이를 먹는다는 건 경험치가 쌓이는 일인 만큼 관점의 단순성을 유지하기 어렵다. 보이는 게 많으니 버릴 것과 취할 것을 정하는 데 시간이 걸리고, 때로는 그 시간의 무게 때문에 선택을 포기하게 된다. 원만한 성격과 불의를 보고도 못 본 체하는 건 다른 층

위인데도 그걸 구태여 구분하면서 자신을 괴롭히고 싶어 하지 않는다. 그래서 부질없음의 세계가 점점 커지면서 무기력이 관성화된다. 그러니까 무기력은 뭘 몰라서가 아니라 너무 뭘 알아서 생겨난다.

종교라고 다르지 않다. 특정 종교가 나이를 먹으면 사회 문제에 둔감해지고 무기력이 제도화된다. 여기에 내로남불이 일상적인 사회라면 선택적 정의는 하드웨어로 고착된다. 그러니까 선택적 정의는 모든 인간이 가진 생태적 결함, 즉 인간의 본성 영역이니 이를 원죄라 해도 크게 항의하기 어려워진다. 차라리 그편이 나을지도 모른다. 어차피 모두가 지키기 어렵다면, 나는 공정하다는 무지와 나만 특별하다는 선민의식에서 벗어나자. 그러면 최소한 '내로남로'나 '내불남불'은 가능하지 않을까?

가짜뉴스의 본질은 그것이 거짓말이란 데 있지 않다. 사실이냐 거짓이냐에 대한 관심보다는 사람들이 그것을 믿고 싶어 했던 만큼 가짜뉴스가 확산되었다는 사실에 있다는 점이다. 얼마나 빨리, 얼마나 넓게 퍼지느냐에 따라 사람들이 믿고 싶어 하는 게 무엇인지 알 수 있다. 그것이 지금의 인간 세상을 가짜뉴스가 설명하는 방식이다.

과거 어떤 실험에서 자극적인 스캔들이 미담보다 훨씬 대중적 확산 속도가 빠르다는 연구 결과를 내놓았다. 사실 이 정도는 굳이 실험하지 않아도 인간이라면 얼추 알 만한 일이다. 그런데 인간은 왜 남의 불행에서 위로받을까? 절망하는 상대에게 너는 괜찮다는 말보

오 마이 갓 오 마이 로드

다 나도 괜찮지 않다는 말이 더 위안이 된다고 하니 우리 그냥 원죄를 인정하자.

왜 동병상련의 연대는 함께하는 희망보다 강력할까? 그래서 불우함을 나누던 관계에서 누군가 좋은 일이 생기면 상대는 상실감을 느낀다. 대체 인간은 태초에 무엇을 나눠 먹었길래 이런 심성의 생명체가 되었을까? 그러니 인간에게 원죄가 있다고 한들 딱히 부인하기 어렵다. 그래서인지 인간은 살면서 무시당한 만큼 다른 무엇을 혐오하지 않으면, 자신을 유지할 수 없게 기획된 듯하다.

태초의 인간을 초기화한다면 그때도 인간은 이런 모습이었을까? 어쩌면 오직 인간만이 진화하지 않는 생명일지도 모른다. 어떤 제도나 체제도 인간은 거기에서 약점을 찾아내 끝내 손에 손잡고 다 함께를 외치며 자멸해버린다. 그래서겠지, 불행을 나누며 안심하는 인간성이 인류의 존재 방식이 된 이유가.

아담과 하와가 먹어버린, 굳이 먹지 말라고 해서 굳이 먹어버린 선악과의 성분에 저주처럼 내재해 있었을지도. 금기를 깬 외형적 벌은 출산의 고통과 노동의 고단함이지만, 내재적 벌은 타인의 고통에서 자신의 상처를 치유받는 잔혹하고 불우한 습성의 유전자다. 인간에게만 주어진 애초에 짐승들에겐 없는 원죄에 대한 자의식이 그나마 선민의식이 갖는 폭력성과 허구성을 견제해주는지도 모른다.

그러니 나는 선택적 정의가 싫다고 외치지만 말고 내 안의 선택적 정의를 제대로 쳐다보자. 그래야 내로남불의 달콤한 함정에 그나마 덜 빠지고 빠지더라도 내 힘으로 기어 나올 수 있다.

그러니 코로나19에 직격탄을 맞은 종교계 역시 자기 안의 선택적 정의를 모르는 척 외면하지 말자. 그래야 지킬 것은 지켜가며 변화할 기회를 얻을 것이다. 그렇지 않으면 흉하고 추하게 소멸당할 것이기 때문이다.

영화 〈부산행〉과 예수의 죽음

코로나19가 아니더라도 재난 영화는 대체로 인기가 좋다. 장르 특성상 제작비가 웬만해야 촬영이 가능하고, 웬만한 제작비로 웬만한 배우들을 등장시키기에 재난 영화는 두루두루 기본은 한다. 클리셰 어쩌구 해도 불특정 다수에게 들이닥치는 예기치 못한 순간의 스릴과 공포가 재난 영화를 보는 짜릿함이다.

방화 특유의 신파만 피해 간다면 억지스러운 휴머니즘 때문에 괴로울 일도 없다. 〈부산행〉(연상호 감독, 2016)에 바란 건 오로지 하나, 〈감기〉(김성수 감독, 2013)처럼 시대를 과거로 되돌린 것 같은 기이한 신파만 아니면 된다는 것이었다. 재난 영화는 그거 하나만 충족하면 기본은 하게 되어 있다.

그런데 〈부산행〉은 나의 트라우마를 확 건드리며 나를 너무 슬프게 했다. 보통 사람의 본능적인 이기심과 그런 이기심을 이용할 줄 아는 나쁜 놈과 그 나쁜 놈 때문에 끝내 죽는 주인공, 이런 클리셰는 정말 기분을 묘하게 한다. 타인의 도움으로 죽을 고비를 넘기며 이제 겨우 남을 위해 자신을 희생하는 인간이 되었다. 그렇게 이타적인 인간이 되자마자 주인공은 죽고 만다. 나는 이런 장면과 만날 때마다 예수의 죽음이 자동 완성된다.

당대 기득권에 대항했던 예수는 예수가 불편했던 바리새인과 서기관들의 충동질에 넘어간 민중에 의해 죽임을 당했다. 인간사회의 다수에 해당하는 사람들, 그래서 보통 사람이라고 불리는 대중, 그들을 의지적으로 칭해 민중이라고도 부르지만 바로 그 보통 사람의 성정이 좀비와 같다고 부산행은 말한다.

극소수만이 타인을 위해 위험을 감수한다. 대다수는 나의 안전과 보존만이 유일한 행동 원리다. 그래서 결국 모두가 죽는 사회가 되고 만다. 그거 알아? 모두가 각자 나만 살려고 하다 보면 종국에는 다 같이 죽는 거야. 그래서 〈부산행〉은 등장인물 대다수를 좀비로 만들어버린다. 죽은 것보다 더 못한 상태인 좀비로. 아이 하나와 임산부 하나, 딱 두 명만 인간으로 생존할 뿐이다.

예수를 죽인 건 로마 사람 빌라도 총독이 아니라, 동족인 유대인들이었다. 로마 제국의 지배를 받던 식민지 백성 유대인들은 기득권층의 선동에 휘둘려 젊은 선지자 예수를 희생양으로 만들었다. 삶이 힘들어서 생기는 분노의 물꼬를 돌려 낯섦에 대한 공포로, 다시 공포를 참을 수 없는 혐오로 만드는 기제는 예나 지금이나 지배층이 사용하기 좋아하는 통치방식이다.

우리네 보통 사람들, 나약하고 비겁한 그 보통 사람들은 언제든 권력에 복종할 준비가 되어 있다. 그 권력이 때로는 사악하고, 때로는 잔혹해도 이를 판단할 용기를 배운 적 없는 것처럼 평소에 행동한다. 그러다 결국 다 죽게 되면 그때서야 죽기 직전에 용기를 낸다. 새삼 정의가 뭔지 알았던 것처럼, 인간성이란 게 원래 그렇게 형편없는 건 아니라는 것처럼.

그러나 그런 상황은 누군가 억울하게 죽었는데 그 억울한 누군가가 내가 될 수 있다고 생각하거나, 어차피 죽기 직전이라 이래 죽으나 저래 죽으나 매한가지일 때만 비로소 용기로 발현된다. 우리 보통의 대중은 너무 쉽게 좀비가 되고 마는데, 끝내 본인이 좀비인 줄도 모르다가 자신이 물린 만큼 남을 물어야 직성이 풀린다.

그게 안 되면 누구는 분노조절장애라는 이름으로, 누구는 조현병이란 이름으로, 누구는 공황장애라는 이름으로 타인이든 자신이든 괴롭혀야만 한다. 대체로 강자는 약자의 감정을 이해할 수 없고, 약자는 강자의 사고방식을 의심하지 못한다. 그래서 강자는 약자가 혐오스럽고, 약자는 강자가 두렵다. 강자에게 약자는 이질적인 대상이나 약자에게 강자는 미지의 대상이기 때문이다.

그런데 좀비는 동경하는 미지의 대상마저 자신과 같은 혐오스러운 존재로 만들기에 약자에게 좀비 영화는 통쾌하기 그지없다. 아무리 잘난 인간도 좀비가 되면 똑같아진다. 지혜도 지식도 권위도 권력도 다 쓸데없는 상태, 이보다 더 평등할 수 없는 상태, 인간의 존엄 따위 전혀 신경 쓰지 않는 상태, 그래서 좀비가 된다는 것이 끔찍하지만 막상 좀비는 그 사실조차 인지하지 못하는 상태.

나는 〈부산행〉이 우리 이제 좀비로 살지 말자고, 더는 좀비가 되지 말자고 그렇게 말하는 거 같다. 하지만 그런 외침은 곧 잊힐 것 같아서, 보는 내내 슬펐고 아팠고 때때로 무서웠다. 인류의 계획에 전혀 없던 전염병이 창궐하는 시대에 살면서도, 우린 부동산 문제로 아귀다툼을 하고 있지 않은가. 이게 좀비가 아니라고?

집값이 오르면 오르는 대로 누군가를 물어뜯은 데 대한 보상이며 떨어지면 떨어지는 대로 누군가를 물어뜯은 데 대한 대가인데? 이걸 정말 몰랐다면 선천 좀비, 알지만 모른 척했다면 후천 좀비, 알기에 더 그랬다면 사탄 좀비, 이렇게 너도나도 상대를 맹목적으로 물어뜯다 보면 죄의식이 없는 세상 좀비 월드가 되는 것이다.

민주주의가 역겨운 보수와 힘겨운 중도

생태계에서 약자의 자연도태는 자연스러운 현상이다. 인간을 털 없는 원숭이라고 보는 관점에서는 적자생존이 만고 불변의 진리니만큼 오직 생존으로 적자를 확인하는 것이 생물로서 최선의 존재 방식이다. 그러니 인성이니 존엄성이니 하는 건 역겹고 가증스러운 위선이며 가식이다.

특히 조국 장관 문제를 다루는 자칭 보수 유튜브를 보면 여실히 드러난다. 그들의 비난은 하나같이 일관되고 간결하다. 진보는 가식과 위선을 떤다는 것이다. 그래서 치를 떨고 조롱하며, 온 힘을 다해 혐오한다. 위선자들에게 속아넘어가는 진보 지지층은 그러니까 당연히 개, 돼지인 셈이다. 보수는 적어도 거짓말은 안 한다며 자신의 욕망에 솔직하다고 주장한다.

그런데 보수는 정말 솔직할까? 그렇긴 하다. 자신이 원하는 것을 정확히 알고 그것을 얻기 위한 이해관계에 한없이 순종하니까. 그래서 강자에게 의심 없이 복종하니까. 그렇게만 보면 이른바 한국의 보수는 그 단순성에서 영혼이 순정하기조차 하다. 얼마나 깔끔한가? 타인을 지배하고 이 사회에서 강자로 군림하고 싶은데 뭐 다른 이유 있어? 그러려면 돈과 권력이 필요한데 뭐 다른 이유 필요해? 뭐 어쩌라고? 생태계 구조에서 맨 위를 지키는 것, 그게 모든 동물의 존재 이유 아냐? 다 그렇게 생각하면서 왜 아닌 척해?

민주주의? 만인은 절대 평등할 리 없는데 진보라는 것들은 앞에서 평등을 이야기하며 뒤에선 호박씨 까니 세상 역겨운 집단 아냐? 이런 걸 모르고 속는 대중은 그래서 개, 돼지인 것이라고. 아무것도 모르고 휘둘리는 무지몽매한 무리, 그런 허접한 것들이 민주주의네 뭐네 해서 기어오르니 저절로 "웃기고 앉아 있네, X신 같은 게" 하는 말이 진심에서 우러나온다. 인간을 털 없는 원숭이라고 생각하는 보수의 관점에서는 민주주의가 같잖고 시답잖고 짜증난다.

그럼 중도는 왜 흔들리는가? 중도는 대세에 약하고 물량 공세에 약하다. 권력욕이 강하진 않지만, 권력의 피해자가 되고 싶진 않다. 앞서서 남을 짓밟고 싶진 않지만, 소수 편에 섰다가 함께 짓밟히는 건 더 싫다. 불법으로 이득을 보고 싶진 않으나 합법으로 손해보는 건 진정 참을 수 없는 이 중도층은 그래서 자연스럽게 기회주의자가 되어버린다. 보수가 능동적으로 기회주의를 적극적 처세술로 본

오마이 갓 오 마이 로드

다면, 중도는 수동적으로 처세를 하다 보니 결과적으로 기회주의자가 되고 만다.

과도한 경쟁사회는 자존심에 상처 입고 부당한 대우에 억울한 사람이 되기 쉬운 구조다. 그런 사회이기에 자신은 기득권이 아닌데도 약자를 혐오하고 내가 억울하게 피해를 볼까 봐 보수 편에 선다. 괜히 잘난 척하다가 미움받아서 손해보고 억울한 상황이 생길까 봐, 그렇게 눈치 보는 자신을 차마 인정하기 어려워 기회주의를 정치적 중립이라고 포장한다. 그것이 우리 중도의 실체적 정체성이다.

그리고 한국의 종교인들은 보수 내지는 중도가 압도적으로 많은 게 사실이다. 그것이 우리의 종교계 지형을 짐작하게 한다. 문제는 그래서 코로나 시국에 종교계가 제대로 대처할 수 없다는 것이다. 이미 젊은 층이나 진보층이 많이 빠져나간 상황에서 사회적 목소리를 내면 기존 신자들이 불편하게 생각하기 때문이다.

딜레마, 교회 울타리를 열자니 안에 있는 양들이 나갈 것 같고 닫자니 밖에 있는 양들이 들어오질 못한다. 딜레마, 그동안 교회는 돈 있는 중년층과 노년층을 잡았는데 이들이 특히나 더 코로나19에 취약하다. 딜레마, 팬데믹 상황이 길어질수록 교회의 신도 통제는 약해지고 신앙의 자유를 알아가는 영혼들이 늘어난다. 이러니 적어도 코로나가 한국에서는 종교계 특히 모임이 잦은 교회에 내려진 심판이 아니라고 할 수 있을까.

박창진, 좀비들의 먹잇감 그 상징성

대한항공 조현아의 땅콩 회항 사건 이후 박창진 씨가 신경쇠약과 불면증, 공황장애로 약을 꾸준히 먹고 있다는 기사를 봤다(《국민일보》, 2019.3.2.). 그의 인터뷰 사진도 표정이 편안치 않아 보였다. 왜일까? 이제 그는 돌아올 수 없는 강을 건너버렸다. 그거 아는가? 박창진 씨가 진짜 죽고 싶었던 건, 죽으려고 14일씩이나 끼니를 걸렀던 건 조현아 때문이 아니었다. 땅콩 회항 사건 후 사내 동료들의 2차 가해가 그를 진짜 죽고 싶게 했다.

피해자가 혐오의 대상이 되는 세상, 그게 얼마나 절망적인지 당해본 사람들은 너무 잘 안다. 나쁜 놈은 나쁜 놈이니까, 나쁜 놈과 싸우는 건 정의니까, 그래서 버틸 만하다. 그런데 문제는 2차 가해다. 평범하다고 생각한 사람들, 그냥 보통 사람들, 심지어 나와 가깝다고 생각했던 사람들이 내게 등을 돌리면 그 충격이 상상 이상이다.

대체 무엇 때문에 누구를 위해 누구와 싸울까? 그런 회의가 들면 그 좌절감과 상실감이 부조리에 굴복하게 만든다.

나를 지금껏 괴롭히는 화두도 그것이다. 만학도로 대학원에 간 나는 나의 어리석은 행동이 불러온 내 인생의 부침에 대해 시간을 두고 차근차근 생각해볼 참이었다. 그러니까 나의 현재 상황만도 벅찬 내게 또 다른 고민이 생길지 전혀 몰랐다는 것이다. 그런데 당신은 아는가? 인간의 비겁함은 나이와 상관이 없다는 것, 그리고 그 자신들도 부당한 걸 알면서 그런다는 것. 나는 피해자인 나를 가해자와 동일 선상에 놓고 비난하는 소리를 들었던 경험이 있다.

40대, 50대 이른바 박사과정 이상의 나름 젊잖다는 사람들이 자신들도 겁나서 피하는 여성에게 나를 먹잇감으로 던져놓고는 자기들끼리 쑥덕대며, 여자들끼리의 싸움은 무서워, 그렇게 자신들은 손쉽게 빠져나가는, 스스로들도 민망했는지 어색하게 웃으며 우리는 모르는 일이야 하던 만학도들. 다음 학기 수업을 이상하고 무섭지만 그래도 뒷거래를 할 줄 아는 그녀에게 약속받아서 그녀 앞에만 서면 한없이 작아지던 나이 든 시간강사. 그렇게 얽혀서 일어났던 어이없지만 내게 깊은 상처를 남긴 사건이 지금까지 치유도 화해도 되지 않은 채 계속 화두로 트라우마로 남아 있다. 여전히 가슴 한 켠이 쓰리게 기억되는 건 내가 그들을 너무 많이 알아버렸다는 절망감 때문이다.

박창진 씨의 기사를 보면서 그래서 당신이 선각자고 예언자야, 시대적 상처와 아픔을 내려놓지 못하고 안고 살아가니까, 그런 생각이 들었다. 승객이 항공권 뒷면에 힘내라고 적어서 건네준 쪽지를 가슴에 품고 다닌다는 그 마음이 절절하게 전달되었다. 선택의 여지 없는 일방적인 피해자가 조직에서 왕따당하는 부조리한 현실, 그런 그에게 힘내라는 응원 한마디가 얼마나 소중했을까.

정치 철학자 한나 아렌트(Hannah Arendt)가 나치 전범의 재판에서 발견한 '악의 평범성'이 일상에서 흐드러지게 흔한 일임을 겪어본 사람들은 다수가 안전하다는 믿음이 확고하다. 조직에서 왕따인 사람은 주도자 때문이 아니라, 주도자의 불의함에 동조하고 방조하는 다수 때문에 죽음에 이를 만큼 좌절한다. 그러나 이를 알면서도 외면하는 동물적 본능 앞에서 인간의 존엄성은 설 자리가 없다.

피해자가 순결하다든가 약자는 선량하다든가 그런 말이 아니다. 우리 인간은 그렇게 순백한 영혼의 소유자들이 아니다. 그럼 뭐? 적어도 우리가 인간이라면 자신의 행동에 수치스러움을 느끼고 괴로워할 줄 아는 마음 정도는 가져야 하지 않을까 하는 바람이 있을 뿐이다. 그리고 그걸 바라는 게 그렇게 대단한 기대치인가 하는 의문을 제기하는 것이다.

예수는 영혼이 없는 좀비가 되지 말자고 외쳤다가 기득권의 미움을 받아 당대 가짜뉴스에 휩쓸린 민중에 의해 십자가형을 받았다.

인간이라면, 적어도 신의 모상을 한 인간이라면, 적어도 그의 희생을 왜곡하지 말자. 그런데 2,000년이 지나도 우리 인간은 변하지 않은 것 같다. 괴로워하는 소수는 여전히 괴로워만 할 뿐 다수의 영혼이 돌아오지 않았다. 전염병이 창궐하고 자연재해에 전 지구가 몸살을 앓고 여기저기서 죽겠다고 곡소리가 나도 오늘날 우리의 종교계는 도통 알아듣지 못한다.

그러니 박창진 당신은 꼭 승리하시라. 우리 안의 어둠을 아주 조금이라도 밀어낼 수 있도록. 그러니 박창진 당신은 반드시 살아남으시라. 신이 당신을 선택한 이유를 알아낼 수 있도록. 당신이 겪은 그 굴욕적인 경험은 당신만의 것이 아니다. 내가 아니어서 다행이라고 생각지 마라. 언제든 그게 나일 수 있다. 그러니 박창진 당신은 절대 혼자서 지지 마시라.

대통령의 7시간, 종교와 정치의 관계

종교는 왜 정치 권력을 탐할까? 뉴스에 나오는 종교인 기사는 태반이 속물스럽다 못해 추하고 천하다. 왜일까? 그게 종교의 속성일까? 그럴 리가, 그러나 종교가 정치에 이용당하기 매우 쉬운 것만은 분명 사실이다.

영화 〈대통령의 7시간〉(이상호 감독, 2019)은 박근혜가 최태민에게 이용당했고, 그가 현몽과 최면술로 사람들을 조종했다고 말한다. 이름도 수시로 바꾸고 직업도 여러 개로 알려진 최태민, 그는 박정희와 인연으로 박정권 시절 목사로 활약한다. 그리고 그런 희대의 사기꾼인 아버지를 가장 닮은 최순실이 이어서 박근혜의 정치 인생을 설계하고 통제한다.

두 집안 다 대단하다! 박 씨나 최 씨나 부녀가 대를 이어 국가를 좌지우지하면서 우리의 후진성을 견딜 수 없을 만큼 압축시켜 시전한 탓에 고장난 압력밥솥 터지듯 우리의 시민의식을 폭발시켜버렸다. 신분제에서 얼떨결에 민주주의로 넘어온 우리 사회에 이건 공인지 과인지 참, 역사의 아이러니다.

물론 한두 명의 상징적 인물이 다는 아니다. 이런 허술하고 빈틈 많은 체제가 부와 권력을 축적하기 유리해서 동조한 일부 기득권층도 빼놓을 수 없다. 조금만 비겁하면 인생이 즐겁다는 어느 개그맨의 말처럼 그보다 더 많이 비겁할수록 잘 먹고 잘사는 사회구조를 구축해 놓지 않았던가.

그렇게 작정하고 우리나라 정치사를 후진시킨 최태민과 박근혜, 최태민의 아류인 최순실과 박근혜의 원조인 박정희, 그들의 흔적은 지금도 전광훈과 극우 정치권에 끈적하게 남아 있다. 그러니 이 후진성은 여전히 현재 진행형이다. 그런데 왜 정치는 종교와 야합하는 것일까? 교인도 유권자니 당연히 표 관리를 해야 하는 건 맞다. 그런데 그게 다인가?

우리나라에서 종교는 3대 연고주의를 보완하는, 즉 혈연, 학연, 지연에 이어 교연은 4대 연고주의를 완성하는 연결망이다. 교연은 내 편과 네 편을 가르는 표지 중 하나로, 다른 연고에 비해 비교적 선택 가능한 옵션이다. 그것은 인생 한방으로 뒤집기를 노리는 가련한 자들에게 구원의 메시지를 전한다. 믿을 놈 적은 세상에서 내 편을 구분하는 표식이란 어마어마하게 중요한 것이라고.

불신이 현명함의 다른 이름인 사회에서 이마에 인을 치는 종말의 세계에 타자를 사탄으로 만들어 무저갱으로 떨어뜨리는 데 종교만큼 수월하고 익숙한 게 없다. 그러나 욕망을 자극하는 종교는 그게 뭐든 다 이단이고, 사람을 통제하고 조종하는 종교인은 그게 누구든 다 사탄이다. 왜냐면 그들이 성서에서 말하는 우상이며 동시에 우상 숭배자들이기 때문이다.

Part 2

×

제도종교를
버려라

새 하늘 새 땅이 세렝게티의 무저갱에서 열리다!

인간으로 태어나 산다는 건 크고 작은 적의들과 끊임없이 만나는 일이다. 인간이란 생명체는 복잡미묘한 존재라 자신도 알지 못하는 사이 감정의 틈새로 아주 쉽게 적의를 갖게 되고, 그것이 적의인지도 모른 채 상대에게 불편하고 어두운 감정을 드러낸다. 그것을 표현하면 차별이고 혐오일 뿐 일련의 그 과정에 대한 대단한 인식도 심오한 배경도 있을 턱이 없다.

카인이 아벨을 죽인 것도 시기심에서 촉발된 적의였다. 카인을 더 미치게 했던 것은 아벨의 순진함이었으리라. 아벨이 인간에 대한 이해가 조금만 있었다면, 그렇게 해맑게 자신의 제물을 신께서 기쁘게 받으셨다는 얘긴 하지 않았을지도 모른다. 밝은 사람의 얼룩 없는 빛은 어두운 사람의 얼룩진 내면을 너무 쉽게 그리고 너무 추하게 드러내고 만다. 아벨은 카인을 잘 몰랐기에 카인에게 솔직했지만 바

오마이갓오마이로드

로 그 솔직함이 카인의 분노를 촉발했다. 네가 뭐라고 나보다 더 인정받아?

우리 인간은 아벨 부류보다는 카인 부류가 더 많은 듯하다. 그래서 겸손을 생존의 조건으로 요구받는다. 살리에리 증후군, 영화 〈아마데우스〉(밀로스 포만 감독, 1984)에서 모차르트에 대한 시기심에 끝내 그를 죽음으로 내몬 살리에리의 시선이 나온다. 살리에리 역시 훌륭한 작곡가였으니 실제로는 평균치도 아니다. 누구나 노력한다고 2인자가 될 수 있는 건 아니니까. 여기서 문제는 모차르트가 천재라는 데 있다. 살리에리가 모차르트와 동시대를 살지 않았다면 당대 1인자 소리 들었을 텐데.

그런데 왜 살리에리는 모차르트 같은 천재와 동시대를 산 것을 신나고 재미있다고 생각하지 못했을까? 그도 음악에 재능있는 뛰어난 작곡가인데 모차르트의 압도적인 천재성이 신기하지 않았다니 진짜 예술가가 맞나 싶다. 한국처럼 어릴 때부터 극한의 경쟁에 시달렸나? 그래서 즐기는 법을 배우지 못했나?

카인도 마찬가지다. 신께서 자신의 제물을 받지 않은 이유에 대해 아벨에게 물어볼 수 있는 것 아닌가? 일단 아벨이 성공했으니 그 노하우를 전달받으면 되지 않는가. 혹시 카인의 부모도 한국의 부모들처럼 형제끼리 만날 비교하고 그랬나? 그래서 성격이 비틀어진 것일까 하는 의심마저 든다. 자고로 문제아의 부모치고 문제없는 경우

없으니까. 그럼 아담과 하와가 그냥 태생적으로 그러니까 본원적으로 문제가 있었던 걸까?

악의는 적의와 다르다. 타고난 악인들, 죄의식이라곤 1그램도 없는 유전적 변태들은 자책감이나 후회 같은 게 애당초 없다. 사이코패스든 소시오패스든 그런 치들은 자신의 안녕과 즐거움을 위해 세상이 존재하고 타인이 움직여야 한다. 그래서 악의는 상대가 누구든 중요치 않다. 오로지 나의 영달만이 있을 뿐 타자에 따라 악의의 총량이 달라지지도 않는다. 그러니 누군가 내게 악의를 드러내면 그건 그 사람만의 문제이므로 내가 관여할 바 못 된다.

반면 누군가 내게 적의를 드러내면 그건 나와 관계에서 발생한 것이니 고민해봐야 한다. 나의 의도 없음이 그의 지질함을 건드렸다면 그를 품을지 말지를 결정해야 한다. 한편 나의 불순한 의도와 그의 불순한 의도가 수면 아래서 불쾌하게 부딪혔다면, 나의 수양을 위해서도 그 관계는 재고되어야 한다. 그러나 현실에선 이렇게 명쾌하지 않다. 민주주의가 힘든 배경이다. 사람이 그렇게 간단치 않다는 것이다.

내가 요 모양 요 꼴로 사는 게 순전히 내 탓이란 말이냐. 신분제에선 탓할 운명이라도 있는데, 그런 만큼 개천에서 비죽 튀어나오는 용도 못 봐주겠다. 자수성가한 놈치고 겸손한 놈 없더라. 그런 놈 때문에 내가 하찮아지는 것을 견딜 수 없다. 인류가 고안한 최선의 가치라는 민주주의, 그러면 억울한 사람이 덜 생겨야 하는데 오히려 분노의 총량이 증가하는 이유다.

드디어 세렝게티의 무저갱이 21세기를 활짝 열어젖힌 것일까? 근대라는 허울로 가식의 사유체계를 뒷받침하던 이성이 마침내 힘겨운 짐을 내려놓게 되었다. 이제 민주주의는 자신의 결함을 자본주의로 떠넘기는 위선을 떨지 않아도 되는 것이다. 마음껏 외쳐라! 나는 나의 이익 외에 관심이 없다고. 나는 강자는 무섭지만 약자가 감히 나와 대등하게 구는 건 참을 수 없다고. 그래서 나는 민주주의가 싫다고, 같잖은 것들과 평등이라니 인정할 수 없다고. 어쭙잖은 평등주의자들이 권력 잡고 날뛰는 꼴을 보느니 차라리 대대손손 지배층에 복종하는 게 맘 편하다고.

성경만큼 인간의 탐욕이 적나라하게 기록된 문헌도 없다. 그래서 기독교가 패권주의 시대에 승승장구했는지 모른다. 카인의 시기심과 폭력성도 아벨의 순진함과 눈치 없음도 따지고 보면 아담과 하와로부터 유전적으로 물려받은 것이다. 그렇다고 가해자와 피해자의 구도가 바뀌는 것은 아니나, 인간은 무지와 어리석음의 결함 많은 존재다. 이것이 본원적 결함임을 뼛속에 새겨넣지 않으면, 평등에 대한 혐오와 차별에서 나오는 우월감이 인간의 본성이란 지점에서 우리는 언제나 공포심을 느끼며 무릎 꿇게 될 것이다.

종교 탈출 쉽지 않아

세상은 불공정하다. 그런 불공정한 현실이 이해되지 않을 때 우리는 종교에 의지한다. 극소수만이 이 불공정한 판에서 유리하고 나머지 대다수는 불리한 쪽에 속한다. 우리 중 태반이 그렇다. 집안이 좋지도 않고 그런 집안을 무시할 만큼 능력이나 재능이 뛰어난 것도 아니며 노력과 열정도 타고나는 것이라 누구한테나 주어지지도 않는다. 그렇다면 운은? 아서라, 운이란 건 애초에 노력과 열정이 불러오는 것이다.

이 모든 상황을 내 탓이라고 하기엔 억울하다. 내가 원해서 이렇게 태어난 것도 아니지 않은가. 억울하고 억울하다. 그런데 이 억울함을 해소할 길이 없어서 더 억울하다. 이때 종교가 등장한다. 알아 알아, 내가 다 설명해줄게, 네가 왜 억울한지. 그렇게 종교는 구원자의 모습으로 다가오는데, 문제는 종교가 제도화되면 그것이 다수의

오마이갓오마이로드

억울함을 엔진 삼아 불공정한 세상을 더욱 불공정하게 만든다는 점이다. 성직자니 수도자니 하면서 자기들 밥그릇에 타이틀을 붙여 세상의 권력에 부조리함을 보탠다.

그런데 왜 신자들은 이런 종교권력에 맹종할까? 세상 권력은 나의 억울함을 설명해주지 않지만, 종교권력은 나의 억울함을 설명해줄뿐더러 보상까지 약속하기 때문이다. 그러니 지금의 억울함쯤 참을 만하다. 오히려 지금의 시련이 더 큰 보상으로 온다는데, 기꺼이 봉사하고 헌신하며 헌금도 최대한 많이 하고 싶다. 그 보상이 다급해질수록 더 열심히 봉사하고 헌신하며 헌금하게 된다.

그러니 신앙인이라면 세상 권력 속에 있는 제도종교에서 자유로워야 한다. 신앙은 나와 나의 신, 이 존재에 대해 뭐라 부르든, 이 둘의 관계일 뿐이다. 그러니 누구에게도 미혹되어선 안 된다. 종교단체에 속하든 속하지 않든, 그것은 개인의 자유이며 선택이다. 다만 나의 신은 그리고 당신의 신은 우리가 종교의 이름으로 불공정한 세상 권력을 재생산하는 것을 바라지 않으신다.

내게는 나를 이끌어줄 나만의 신이 있는가? 기도하라. 간절히 기도하라. 그리고 조용히 응답받으라. 나의 신에게 그리고 당신의 신에게 기도는 누구나 할 수 있다. 특별한 재능도 노력도 요구하지 않는다. 남에게 내가 응답받은 것을 알릴 필요도 없고, 남을 위해 대신 응답받을 필요도 없다. 신앙이 그렇게 가시적이거나 또는 대리가 가능하다면, 그것이 더 이상하지 않은가. 그러니 종교 장사치에게 답을 구하지 말고 자신의 내면에서 답을 구하라.

세속적 보상이 필요하면 전도할 시간에 자격증을 따고 시험을 준비하라. 그게 훨씬 더 합리적이다. 잘살고 싶다면 헌금하지 말고 사업에 투자하라. 그게 훨씬 더 정직하다. 쉽게 벌고 쉽게 살려고 종교인 되지 마라. 그것이 종교 사기꾼들을 키우는 악의 근원이다. 종교 권력의 시스템 속에서 세상 권력의 달콤함에 빠진 모습을 그 어떤 신이 역겨워하지 않을까. 세속적 종교인에서 벗어나 스스로 신앙인이 됐을 때 나와 신의 관계가 시작된다. 그럴 수 없다면 우린 이미 종교의 세속화된 권력에 취한 것이며, 더 이상 나는 그리고 당신은 신앙인이 아니다.

성직자를 타락시키는 신자들

종교적 직분은 과연 성스러운 일인가? 그럴 수 있다. 금욕, 그게 욕구든 욕망이든 자기 자신을 통제하고 절제하는 행위는 반인간적이란 속성 때문에 세속적이지 않아 보인다. 더불어 적절히 자신을 성찰하며 때때로 고통받는 이들을 위해 기도한다면, 그런 일은 세속적이지 않으니 성스러운 게 맞다.

그러나 그렇지 않다면? 종교적 직분이 그저 종교단체 내의 기능적 역할이라면, 금욕은 인간적이지 않아 불편하고 자기 성찰은 과한 요구이며 약자 편을 들어주리라는 기대는 보편정서에 어긋난다. 그러니 종교적 직분이 직능의 역할을 담당하는 것이라면, 그들 일명 성직자라 불리는 직군에 무리한 업무를 부담해선 안 된다.

그렇다면 작금의 현실은? 권위적이고 독선적이며 세속적 욕망을 탐닉하는 성직자 사례가 특정 종교와 관계없이 넘쳐나고 있다. 그러니까 성직자의 권위를 가진 채 종교 기능상의 역할을 수행하면서 동시에 세상 권력을 휘두르는 최악의 조합을 가진 괴물들을 탄생시킨 것이다. 그래서 나온 말, 종교가 세상을 걱정하는 게 아니라 세상이 종교를 걱정한다.

그런데 이런 사태와 관련해 과연 신자들은 무죄일까? 성직자라고 해도 나약하고 흠결 많은 인간일 뿐인데, 그들을 떠받들어 실족하게 만들어놓고 뒤에서 욕하는 것은 정당한가. 그들의 권위에 기대 자신의 허영과 욕망을 채우려 했던 것은 괜찮은가. 그들을 높이 세워 나의 위치를 높이려고 한 적은 없는가.

고대에는 가짜왕 제도라는 게 있었다. 보잘것없는 사람을 며칠 동안 왕으로 섬기며 온갖 호화로운 생활을 만끽하게 해준 뒤 죽여서 제물로 바친다. 그러면 그 가짜왕이 한 해의 재앙과 고난을 몽땅 짊어지고 간다는 것이다.

내 복 빌자고 헌금 바쳐서 그들을 돈으로 타락시킨 죄, 내 욕망을 보상받고자 떠받들어서 그들의 인격을 붕괴시킨 죄, 몰랐다 하지 말자. 한 번 속으면 속인 사람 잘못이지만 두 번째부터는 속은 사람도 죄 없다 하지 못한다.

그러니 어쩌자고? 생각하고 선별하고 책임지라. 내 죄는 내가 해결해야 하고 내 욕망은 내가 다스려야 한다. 아무려면 완전하다는 신이 인간을 그렇게 허술하게 만들었을까. 당신이 신을 정말 믿는다면 자신이 신의 형상이란 것도 믿어라. 그러면 신이 느꼈을 고통도 마다하지 않게 될 것이며, 그 순간 당신은 가장 성스러운 사람이 될 것이다.

지금 당신이 외롭고 힘들다면 떠올리라. 내가 신이라면? 그렇게 신과 고통을 나누라. 세상의 고통을 외면하지 않는 당신이 진짜 성자이므로.

십일조 보장성 보험

한국교회만큼 십일조를 강요하는 데가 있을까? 그게 주로 대형교회일수록 더하고 유명한 교회일수록 그러니 이건 뭐 십일조가 부흥하는 교회의 상징처럼 되어버렸다.

그럼 왜 교인들은 십일조를 과감하게 부정하지 못하는가? 일단은 하느님과 동급인 목사님이 시시때때로 틈틈이 성서 구절을 들어 십일조의 중요성을 강조하기 때문이다.

그러나 당시 십일조는 세금이었다. 그러니까 그 돈을 걷어서 다른 생업에 종사할 수 없는 제사장과 성전 관리자 부류를 먹여 살렸다. 이스라엘은 가나안 정착 때부터 레위 지파에 성전 관련 업무만 집중하라고 땅을 분배하지 않았다. 그때는 그들이 공무원이었기 때문이다. 그리고 십일조는 성전 및 회당 유지 관리비로 쓰였다. 공적 자금이니까. 또 공적 부조 없이 살기 힘든 사람들 곧 과부, 고아, 부랑

자 등을 돌봤다. 왜? 공공의 돈이니까.

대체 왜 오늘날 21세기의 한국교회는 그 옛날 고대 이스라엘 백성들의 세금 제도를 도입했을까? 그 돈으로 한국교회는 세계에서 가장 큰 대형교회들로 성장해서 거대한 건물 규모와 압도적인 교인 수로 세계를 놀라게 했다. 오죽하면 다른 나라에서 연구하러 올까. 한국인들의 종교심은 참으로 놀랍다고 하면서.

여기서 문제는 목사에게만 있지 않다. 왜 교인들은 그토록 목사에게 순종적일까. 헌금 내란다고 다 내는 게 신심인가? 그렇다! 돈만큼 축복을 받는다고 하니 내가 낸 헌금 액수가 내가 받을 은혜의 크기라고 하니 당연히 십일조는 신심이다.

그러니까 십일조는 사업 번창을 위해, 직장 승진을 위해, 입시와 취업을 위해, 건강을 위해 하느님께 들어놓는 보장성 보험인 셈이다. 일부 목사는 십일조로 협박도 하는 탓에, 교인들은 주술에 걸린 인형들처럼 행여나 십일조 안 냈다가 저주받을까 두려워 스스로 기꺼이 헌금한다.

또 일부 교인들은 교회 안에서 이권과 커뮤니티로 묶여 있어서 교회는 단순히 신앙 공동체만이 아니다. 생업의 터전이기도 하고 사업체의 고객이기도 하다. 영혼의 구원은 멀고 일상의 생존은 가까우므로 교인 간의 관계는 학연, 혈연만큼은 아니래도 지연만큼은 끈끈하다.

내 돈 내가 자발적으로 바치겠다는데 남이 무슨 상관이냐? 맞다. 그건 남이 왈가왈부할 일이 아니다. 사적 영역은 어디까지나 개인 선택의 몫이니까. 다만 협박을 은혜로 알고 저주가 무서워서 헌금하며 헌신한다면 그건 아니라는 것이다.

그러나 보장성 보험이 불발되어도 즉 약속된 구원이 생전에 지상에서 돈이나 건강으로 환산되지 않아도 그만이라면 상관없다. 그래도 본인의 신앙에 문제가 안 생긴다면, 그것이야말로 믿음이니 괜찮다. 그러나 훗날 상처받을지 모르고, 그 상처가 깊을수록 그것을 부정하는 단계에 이르고, 그 지점에서는 돌아오기 어렵다는 점만은 알고 시작해야 한다.

오 마이 갓 오 마이 로드

교회가 가난해야 하는 이유

교회는 왜 가난해야 하는가? 그것은 부자 교회가 부흥하는 이유를 보면 알 수 있다. 한국인의 종교성 하면 기복신앙을 꼽는다. 기원하는 그 복의 첫 마디는 물론 대개가 돈인데 누가 가난하기 위해 교회에 가겠는가. 만약 신앙심이 깊을수록 가난해진다고 하면, 지금 대부분 신자는 펄쩍 뛰며 다니던 교회를 안 나갈 것이다.

그게 교회뿐일까. 삶을 고단하게 하는 태반의 이유가 돈인데 어떻게 돈을 외면할 수 있을까. 돈 다음이 건강 정도? 그렇다고 해서 가난이 믿음의 조건이란 말이 아니다. 독일의 사회학자 막스 베버(Max Weber)의 해석처럼 청교도는 재산 증식을 근검과 성실의 결과물로 보아 이를 신의 축복과 세상의 미덕으로 수용했다. 그래서 프로테스탄티즘이 자본주의 정신을 부추겼다는 논리도 충분히 설득력 있다.

그런데 문제는 그 돈에 대한 욕망이 자신을 해친다는 것이다. 돈의 많고 적음에 상관없이 자신의 인격을 지킬 수 있다면, 돈은 한낱 삶의 도구나 수단에 불과하다. 그러나 어디 그런가. 대다수 인간은 돈을 지배하지 못하고 돈에 종속당한다. 없으면 주눅 들고 있으면 거만해진다. 그래서 돈 때문에 비굴하거나 비겁하거나 비열해진다.

그러니 돈이 신앙에 누가 되지 않으려면, 보통의 내공으로는 쉽지 않다. 그러니 신앙에 누가 되지 않을 만큼 교회도 성직자도 수도자도 그리고 신자도 가난해야 한다.

그렇다면 신앙에 누가 되지 않는 가난이란 뭘까. 돈 때문에 가족과 친구와 이웃에게 피해를 주지 않고 돈 때문에 나의 사고가 왜곡되지 않는 정도, 그러니 사람마다 그 정도의 차이가 있다. 다만 넘치는 돈 즉 잉여물이 생기면 그때부터 부자인데, 이게 골프는 안 된다거나 외제 차는 안 된다거나 하는 이야기가 아니다. 골프나 외제 차가 나의 신앙을 해치지 않고, 나의 인격을 붕괴시키지 않으면 되는 것이다. 그러나 돈 때문에 양심을 버리고 재산 증식이 곧 종교 교리가 된다면, 이것이 하느님과 돈을 맞바꾼 결과다.

가톨릭의 「교회 헌장」은 수도자가 그리스도의 삶을 살고자 하는 사람들에게 본보기가 될 것을 제안한다. 그러나 이보다 더 바람직한 것은 우리 모두가 이 세상에 자기도 모르게 떨어진 순례자라는 인식이다. 그러니 이 일상의 삶이 곧 구원의 여정이 되어야 하지 않을까.

우리는 모두 이 세상이란 수도원에 갇힌 수도자다. 어느 종교에

오마이갓오마이로드

어떤 형태의 신자로 소속되어 있든, 또는 종교를 부정하며 스스로는 종교인이 아니라 하든 다수의 인간에게는 생래적으로 현재의 삶 이상의 것을 추구하려는 속성이 있다.

우리 인간은 세상이란 낯선 길에서 목적지를 수시로 잃어버리는 순례자이기에 그런 구원의 여정이 인생이다. 우리 각자의 삶이 세상 전체를 따뜻하고 풍요로운 수도회로 만드는 데 보탬이 되어야 하지 않을까 한다.

정의, 그 위험한 포장술

대체 누가 맨 처음 정의란 말을 썼을까? 정의도 종교만큼이나 오래되고 모호해서 인간들 기억 저 너머에 기원이 있지 않을까 싶다.

성서에는 자기 의란 말이 있다. 자기만이 오직 의롭다고 생각하는데, 얼마나 진솔하고 정확한 표현인가. 태초부터 공의란 오직 신에게만 있을 뿐이다. 그런데 이 불친절한 신은 우리에게 제대로 설명이란 걸 해준 적이 없다. 그래서 우리는 이 공의의 작동원리를 아직도 모른다.

악인이라도 나에게 잘하면 나는 그의 악행을 덮어주기 마련이다. 그러니 두렵지 않은가. 정의란 이름으로 행해지는 행동이 정의롭지 않은 것을 넘어 악도 선으로 둔갑시켜버린다. 바로 그 정의라는 만취하기 쉬운 개념이 선행에 그러하듯 악행에도 힘을 실어준다.

시리아 난민이 바다에 빠져 죽었다는 소식에 우리가 느끼는 슬픔의 깊이는? 세월호 사건에 우리가 분노하고 절망하는 것은 우리한테 일어난 일이기에 그럴 뿐 되레 먼 거리의 비극은 나의 삶을 견디는 위로마저 되는 게 잔인한 진실이다.

다행이다, 내가 아니라서. 그게 우리 인간이다. 이렇게 사적 거리감에 좌우되는 것이 정의인데, 어떻게 정의라는 이름으로 행해지는 것들에 의심의 눈초리를 보내지 않을 수 있을까.

나 역시 그렇다. 내가 도움받은 사람은 비판이 잘 안 된다. 이러니 공사 구분이란 것이 가능하기나 한 건지 싶다. 그럼 어쩌란 말인가. 공의는 내 알 바 아니고 정의는 자기 의의 포장에 불과하다면?

피해자의 억울함을 해소하고, 억울한 사람이 적은 세상을 지향하고, 그 피해자가 나라면 나의 억울함을 해소하기 위해서도 노력하는 것이 우리가 정의라고 부를 만한 유일한 것이 아닐까.

우리 사회 기득권층의 끈적한 연대감을 보면 이익으로 맺어진 관계가 얼마나 촘촘한 우정을 형성하는지 감탄할 지경이다. 이익 앞에 수치심 따위 개나 줘 버려, 그런 삶의 자세가 대단한 처세술 또는 성공과 출세의 비결로 당당하게 소비되고 매매된다.

그러니 정의 뒤에 숨어서 소심하게 이기심을 포장하지 말고 억울함을 당당히 말하고 부당하게 뺏긴 것을 찾아오자. 그것이 돈이든 명예든 인격이든 자존심이든 뭐든 간에, 그것이 우리가 그리고 내가 행할 수 있는 정의의 최대치가 아닐까. 그러니 정의의 이름으로, 그것이 무슨 만능 요술봉인 양 내 편이 아닌 사람들은 무조건 정죄부터 하고 보는 짓은 하지 말아야 한다.

오마이갓오마이로드

혐오의 난장판, 공포의 시뮬라시옹

제주도 예멘 난민을 옹호하면 까방권 따위는 바로 효력 정지다. 김어준이 그렇고 정우성이 그렇다. 팬들에게조차 비판을 면키 어렵다. 그만큼 이슬람에 대한 공포는 낯섦과 같은 이질감을 훌쩍 뛰어넘어 존재하는 당면한 현실이다.

공포는 실체가 없다 해도 그 자체로 위력을 발휘한다. 귀신의 실체를 증명하기 어려워도 귀신에 대한 공포감은 실존한다. 그러다 보면 누군가는 진짜 귀신이 되어 있다. 그것이 시온의 세계이며 시뮬라시옹이 작동하는 원리다.

기독교가 양의 탈을 쓴 늑대라면 이슬람교는 호랑이의 탈을 쓴 늑대라고 할까. 그러니 이슬람에도 잘못이 있다. 이왕 쓰는 탈, 잘 골랐어야지. 그런데 종교의 탈을 쓰고 권력을 누린 사람들 말고 그 권력의 영향권 아래 있는 사람들, 그런 권력의 피해자들은 어쩌지? 고민은 항상 거기에 있다.

가난한 우리 어르신들이 차등한 사회를 지향하는 기득권 당을 지지할 때 느끼는 난감함. 차별에 익숙한 사람들은 내가 차별받은 만큼 남도 차별해야 덜 억울하다. 그런 슬프고도 모순된 감정과 만날 때 우린 참 곤혹스럽다.

최근 남성 전체를 배격하는 여성운동을 보며 피해자에서 영원히 벗어날 수 없는 혐오의 뫼비우스 띠를 선택한 주최 측이 아쉽고 안타까웠다. 이제 겨우 혐오의 만능키였던 빨갱이의 저주에서 좀 벗어나 볼까 하니 그 빈자리를 놓고 각종 혐오로 단결한 중생이 각축전을 벌이는 형세다.

그렇다면 왜 혐오의 총량이 줄어들지 않는 걸까. 우린 지금 지나치게 열심히 살고 있다. 자신의 역량보다 더 많은 성과를 내야 하고, 타고난 재능보다 더 나은 인재가 될 것을 요구받는다. 그러다 보니 불안과 초조가 일상이 되어버렸다. 늘 시간에 쫓기고 항상 목표 앞에 좌절한다.

내가 하는 행동이 갑질인지 을질인지 성찰할 여력도 없다. 그냥 못내 억울하다. 이렇게 살려고 태어난 게 아닌데, 삶이 그저 힘들기만 하고 도통 재미는 없다. 내가 못나서 이렇게 산다고 하기엔 분명 석연치 않은 구석이 있다.

우리 그래도 화내지 말고 살아보자. 길 잃은 분노가 타자에 대한

오 마이 갓 오 마이 로드

혐오가 되고 다시 그런 혐오가 나를 망가뜨리는 악순환의 반복에서 벗어나야 한다.

정의니 인권이니 인류애니 하는 그런 스치는 바람 같은 허상 말고, 내가 나답게 살기 위해 어떻게 세상과 화해할 것인지 모색해야 한다. 갑질도 을질도 나의 본모습이 아니라는 것을 믿어보자. 그게 적어도 자기 스스로에 대한 도리와 예의 아닐까.

아브라함의 종교, 유대교/기독교/이슬람교

예수 시대의 팔레스티나는 여러 지역으로 분화되어 있었으며 기원
전 4세기까지 헤로데가 통치했다. 이후 유대와 사마리아, 이두매아
는 헤로데의 아들 중 하나인 아르켈라오(기원전 4년~기원후 6년)가
통치했고, 기원후 6년부터는 로마 총독이 통치했다. 즉 직접 로마의
식민 지배를 받는 지역이었다.

산악도시인 예루살렘의 생활비는 무척 비쌌으나, 큰 종교행사의
중심지여서 상업이 번창했다. 예수는 이런 상황에서 유대교인으로
성장해 랍비로 활동했다. 그리고 그에 의해 신은 자비롭고 사랑이
많으며 부족한 우리를 너그럽게 돌봐주시는 창조주의 모습으로 재
구성된다. 이로써 유대인의 신은 전 인류의 신으로 예수와 함께 세
계사를 전환시키며 극적으로 태동한다.

그러나 지역종교인 유대교는 예수로 인해 세계종교로 환골탈태

한 기독교와 2,000년 내내 대립해왔다. 그래도 기독교가 유대교의 토양에서 생겨났음을 부인할 수는 없다. 더불어 이슬람교 역시 유대교와 기독교의 영향에서 자유롭지 않다.

아브라함의 적자를 사라의 아들인 이삭으로 보는 것이 유대교와 기독교이고, 이 둘은 구약을 공유하되 신약은 기독교만 인정한다. 즉 예수를 메시아로 인정하는 쪽이 기독교, 부정하는 쪽이 유대교. 반면 이슬람교는 아브라함의 장자인 하갈의 아들 이스마엘을 계보로 삼는다. 이슬람교에서 마리아는 신에게 선택된 여인으로, 예수는 뛰어난 선각자로 존경받는다. 다만 무함마드가 예수보다 더 탁월한 선각자일 뿐이다. 그래서 유대교, 기독교, 이슬람교, 이 셋을 묶어 아브라함의 종교라 부른다.

따라서 인류를 지옥에 빠뜨려버린 아브라함의 종교인 이 세 종교에서 우리는 구원의 닻도 발견해야 하지 않을까? 문제 속에 해답의 씨앗이 잉태되어 있듯, 그간 종교가 저지른 죄악을 이제 종교가 나서서 해결해야 한다면, 바로 이 세 종교가 절대적인 지분을 차지하기 때문이다.

인간이 종교를 버리고도 마음의 안식과 평화를 유지하며 살 수 있다면, 그보다 더 좋을 수는 없을 것이다. 그러나 우리는 성인(聖人)이 아니며, 현자도 아니고, 지자(知者)도 되기 어려운 게 현실이다. 이 지점에서 종교의 역할이 요구된다. 가난하고 연약하며 무지한 사람들의 편에 서서 그들에게 지금의 이 삶은 당신의 탓이 아니라고, 더 나은 세상이 당신을 기린다고 위로해줄 종교가 필요하다. 그런데 현재 이들 종교는 본연의 임무를 저버렸다.

　신학을 공부하는 이유는 앞서 걸어간 사람들의 고뇌와 지식을 공유함으로써 좀 더 자유로운 신앙을 갖기 위해서다. 그리고 내가 얻은 자유를 타인들과 함께 나눔으로써 해방의 연대를 이루기 위해서다. 그것이 2,000년 전 중동의 모래사막에서 새바람을 일으킨 예수라는 사내의 바람이 아니었을까? 예수는 유대교인으로 죽었으나 기독교의 창시자가 되었고 이슬람교에서도 추앙받는 선각자란 사실, 이것이 아브라함의 종교가 갖는 진실이다.

영지주의는 이단?

19세기 말부터 20세기 초에 이르기까지 사람들은 사회 경제적 발전으로 인류가 역사의 절정에 도달하리라 낙관했다. 그러나 오늘날 인류는 이에 대해 불신하고 있다. 과학의 발달 역시 우리의 내면과 우리 너머의 세계에 대해서는 무관심과 어둠을 벗어나지 못하며 정신분석학이나 심리학도 우리의 복잡한 세계를 다 밝히지 못했다. 그래서 우리의 실존적 결핍감이 해소되지 않은 채, 오늘날 인류는 자연과 환경의 파괴라는 대재앙마저 맞이하게 되었다.

계몽주의자들이 인간을 모든 가치의 근원에 두고 자연 세계를 수단화했다면, 현대의 환경주의자들은 자연 세계를 모든 가치의 근원에 두고 인간을 우주 에코 시스템의 침입자에 불과하다고 여긴다. 그들에게 신이란 자연과 동일시되므로 범신론에 가깝다. 그러나 자연을 살리고 지구를 살린다고 해서 인간의 영혼이 해방되지는 않는다.

환경운동가들은 지구의 수호자일 뿐 인류의 구원자는 아니다. 이런 틈새를 타고 영지주의가 나타난다.

우리는 깨달음이 주는 해방과 자유보다 잠에 빠져 있는 상태를 더 편하게 느끼기도 한다. 영지주의자들은 이를 그노시스(영적 인식)의 부재에서 찾는다. 창조주의 장벽을 넘어 참하느님께 다가가려면 깨달음이 있어야 한다. 꽤 설득력 있는 논리 아닌가. 그런데 왜 영지주의자들은 정통 기독교 신앙에서 벗어났을까? 우리는 그들의 말이 일리가 있는지 없는지 한 번쯤 의문을 제기해봐야 한다.

영지주의자들은 창조주를 변덕이 심하고 인간과 세상을 제멋대로 지배하는 심술궂은 억압자로 여겼다. 우리 또한 은연중에 하느님을 그런 신으로 생각하는 것은 아닌지, 그래서 지옥을 피하기 위해 교회에 나가는 것은 아닌지 생각해봐야 한다. 만약 하느님을 경외하는 마음을 넘어 하느님께 증오 섞인 공포를 가지고 있다면, 하느님 상이 잘못되지 않았는지 재고해봐야 한다. 그것은 알게 모르게 영지주의자들의 창조주를 믿기에 그렇다.

한편 다른 방향에서의 반성도 필요하다. 평화와 관용이라는 이름으로 온갖 틀림에 눈감고 모른 척 덮어두는 것은 아닌가 하는 문제다. 신흥종교와 문화 운동과 뉴에이지 운동이 얼마나 깊이 영지주의적 사고방식에 영향을 받았는지 감지할 수 있다. 일례로 베트남 출신의 채식 운동가 칭하이 무상사는 영지주의자들의 구원자 역할과 동일한 스승의 모습을 제시한다. 이처럼 현대인들은 각종 운동과 신흥종교에 무비판적으로 노출되어 있다. 따라서 영지주의자들의 논리와 주장을 그들의 입장에서 듣고 이해하려는 관용은 필요하나 다름이 아니라 틀림이라면 그것을 배척할 용기도 필요하다.

예를 들어, 신비한 입문 의식에서 가상의 죽음을 경험하는 프리메이슨은 글로벌 금융, 석유 카르텔 등 거대 자본의 배후세력이라는 의심을 끊임없이 받고 있다. 또 구원의 깨달음인 그노시스를 중시하는 구원파는 세월호 사건에 연루되어 정경유착과 신도들 대출 문제로 물의를 일으켰다. 그리고 진리의 성령 보혜사로부터 계시의 지식을 전달받아야 구원이 있다고 주장하는 신천지는 육체 영생의 교리로 신도들의 탐심을 자극해 사회 문제를 일으키고 있다.

따라서 과거의 영지주의가 문제가 아니라 오늘날 영지주의의 외피를 쓴 욕망의 종교나 이기주의를 미화하는 문화 운동 등에 문제는 없는지 짚어봐야 한다.

이단의 매력, 선택지 적은 유혹

이단이 우리 사회에만 있는 것은 아니다. 단지 우리 사회에 많다는 것이 문제다. 왜일까? 일단은 기독교 세력이 우리 사회의 주류라는 시대적 배경이 한몫했다. 그만큼 친숙한 것도 있지만, 그만큼 기존 교회에서 상처받은 신자들도 많다. 게다가 교회가 중산층화된 것도 중요한 이유다.

물론 무엇이 이단이냐 한다면 쉽게 정의할 수 없다. 이단이었다가 기존 제도권 교단에 편입되기도 하고, 일부에서는 이단이라고 규정하는 교단이 다른 곳에선 정식 교단이 되기도 한다. 그리고 사실 종교사는 이단사라고 해도 과언이 아닌데, 새로 시작하는 종교는 대체로 처음에 다 이단이란 비난을 받는다.

그도 그럴 것이 종교의 특성상 하늘 아래 새로운 게 없다 보니 신흥종교는 기존 주류 교단에 소심하게 반항하느냐, 대범하게 저항하느나일 뿐 항상 반골로 출발하기 때문이다. 유대교에서 태동한 기독교가 그랬고, 가톨릭에서 태동한 개신교가 그랬고, 각종 개신교 교단에서 태동한 새 교파들이 그랬다. 그러니 이단이란 오명은 신흥교단의 숙명일 수 있다.

그러면 뭐가 문제인데? 뭐가 문제냐면 가난한 사람에게 과도한 헌금과 헌신을 요구하니까. 부자야 상관없겠지만 빈자는 일용직으로 일하면서 헌금 내고 돈이 없으면 몸으로 봉사한다. 간혹 어떤 이는 전도한다고 학업도 직장도 그만두고, 간혹 어떤 이는 가정을 깨기도 한다. 물론 그들의 선택이 전적으로 종교 때문이냐 하면 반드시 그런 것은 아니다.

그러나 인생에서 선택지가 적은 사람에게 영광된 미래를 약속하며 유혹하는 것은 미혹이다. 종교의 자유가 보장된 나라에서 언제든 교회를 나올 수 있어야 한다. 그것이 어떤 이유로든 불편하다면, 혹시라도 저주와 협박 때문에 그만두기가 두렵다면 그곳은 이단이다. 교회를 나와서 원래 있던 자리로 돌아가기가 어렵다면, 이미 너무 멀리 와서 도저히 돌아갈 수 없다면 그것은 이단에 빠진 것이다.

기독교 관련 이단만 있는 것도 아니다. 강제전도를 강요하는 곳은 일단 의심해봐야 한다. 왜? 강제전도를 기꺼이 한다는 것은 그만큼 교리가 매혹적이라는 이야기인데, 그 매혹적 교리의 태반이 세속적 욕망을 자극하는 구원관, 그러니까 곧 이루어질 축복에 기초해 있기 때문이다.

그런데 그것이 그렇게 문제일까? 그것은 다른 기성교단도 마찬가지 아닌가? 그렇다. 세속적 욕망을 자극하지 않는 종교나 교단은 절대 부흥하지 않으니까. 죽어서 좋은 곳 가려고 헌금하고 헌신하는데는 한계가 있으니까. 그래서 이단을 정의하기가 어렵다는 것이다. 그러니 기성교단과 신흥교단으로 이단 여부를 따지는 것은 의미가 없다. 마찬가지로 교단의 규모나 세상에 미치는 영향력 정도로 구분하는 것도 옳지 않다.

그래서 제안한다. 두려움을 자극하지 않는 종교가 진리를 가진 종교라고. 빠지면 벌 받을까 그만두면 보복당할까 그런 마음이 조금이라도 들게 하는 곳이라면 그곳이 이단이다.

다니는 동안 즐겁고 그만두고 나서도 좋은 감정을 가질 수 있다면, 단언컨대 그곳은 이단이 아니다. 소속되어 있을 때도 자유롭고 나오고 나서도 자유롭다면, 그곳에 있었다는 사실을 거리낌 없이 주변인들에게 말할 수 있다면, 가벼운 마음으로 참여했던 행사와 전례들을 그립게 추억할 수 있다면 그곳은 누가 뭐래도 절대 이단이 될 수 없다.

　　　　　　　　　　　　오 마이 갓 오 마이 로드

무속신앙은 미신?

굿을 하고 점을 보면 미신이라고 그렇게 폄하하는 사람들이 있다. 과연 그럴까? 신내림은 미신이고 성령 받음은 은혜인가.

한국 샤머니즘은 일제 강점기를 거치면서 와해되는데 김동리의 「무녀도」를 보면 기독교 신자인 아들이 무당 어머니를 보는 시각에서 당시 무속신앙을 보는 관점을 알 수 있다. 그러나 무엇보다 무속의 탄압은 마을굿처럼 사람들이 한곳에 모이는 행사를 일제가 꺼렸기 때문이다. 사람들이 모이면 단합이 이루어지고, 단합은 아무래도 불안하니까.

무속신앙은 한국인의 일생에서 일상의 삶과 궤를 같이하는 것이었다. 즉 출산에서 죽음까지 통과의례마다 무속 의례가 수행되었고, 제도종교에 의해 탄압받을 때도 그 명맥을 유지해왔다. 그래서 종교학자들은 우리 민족의 종교적 심성이 무속에 기반해 있다고 설명한다.

그도 그럴 것이 역사의 전환기마다 외래종교가 지배종교가 되었어도 민간인의 무속신앙은 살아남았다. 수시로 제도종교와 타협하고 제도종교의 교리를 수용하면서도 무속 의례의 형식을 버리지 않았다. 이는 우리 민족의 종교적 시원(始原)에 대해 생각하게 한다. 그만큼 우리의 DNA는 무속신앙과 친숙한 탓에 외래종교인 제도종교만으로는 일상의 신앙을 다 표출할 수 없는 것이다.

그리고 여성 무당들이 많다는 사실, 이는 제도종교가 세속권력의 강화에 기여해왔다면 일상의 종교는 약자층과 관련 있음을 보여주는 것이다. 그래서겠지만 무속신앙에서 여성이 차지하는 비중은 압도적이다. 여성은 무속 의례를 행하는 주체자이며, 무속신앙을 전수하는 계승자로서 다른 어떤 분야보다 무속에서 중요한 위치를 차지한다. 이는 종교 의례라는 권위적 행위를 통해 여성의 소외된 영향력을 회복하는 데 무속이 기능해왔다고 할 수 있다.

귀신과 성령에 어떤 차이가 있는지, 이를 한마디로 정리할 수 없다. 누가 그런 것을 명쾌하게 정의하겠는가. 그러나 한국의 무속신앙이 다른 종교에 대해 포용력과 유연성이 있다는 것, 그것이 한국인의 종교적 심성이다. 그래서 한국의 종교를 설명할 때, 종교를 바꾸는 개종이 아니라 종교를 더하는 가종을 특징으로 꼽는다. 그 정도가 기존의 종교학자들이 합의한 바다.

서구문화의 자기중심주의와 배타성이 문제가 되는 작금의 현실에서 다양성을 전제로 하는 무속은 타자와의 차이를 인정하는 데 관용적이다. 물론 무속 또는 무교를 풍속으로 볼 거냐, 종교로 볼 거냐 하는 논쟁의 여지가 남아 있다. 주로 탄압받아왔던 입장이라 다른 종교에 비해 수용적이란 특징을 갖게 된 것일 수도 있다. 무속이 여태껏 아무 잘못도 없고 전혀 오류도 없다는 뜻이 아니다. 단지 특정 종교를 이해하려면 시대적 상황과 역사적 배경이 필요하다는 말이다.

사대주의는 우리의 운명?

우리에게 한국적인 거란 뭘까? 그런 게 있기는 한 걸까? 한복 입고 고궁 가면 무료입장, 이런 것이 한국문화? 해외 나가도 김치, 고추장, 라면 찾는 것, 이런 것이 한국인 입맛? 한류 드라마, 케이팝에 열광하는 외국인들 보면서 자부심 느끼는 것, 이런 것이 한국인의 긍지?

한국 가톨릭을 가리켜 로마보다 더 로마적이라고 평한다. 교황청을 천국에 이르는 정문쯤으로 여기고, 로마에서 공부해야 적자(嫡子)가 되는 사대적 관습이 남아 있다. 아직도 로마나 예루살렘 등 일명 성지순례에 과도한 의미를 부여하기도 한다. 더하여 전례를 중시하는 가톨릭 전통에 맞게 한국인 신자들은 자신의 정체성을 미사와 성사에서 찾는다. 예를 들어 세례성사, 성체성사, 고해성사, 혼인성사 등 이런 전례에서 자신이 천주교인임을 확인한다. 그러니 평생 소망으로 메카 순례를 꿈는 무슬림만 유난스러운 게 아니다.

그런데 이렇게 타국의 주군을 섬기는 사대적 태도가 한국에선 가톨릭만의 특징일까? 거슬러 올라가면 유교도 가톨릭 못지않다. 성리학을 줄기로 한 유교의 배타성도 우리가 원산지인 중국보다 훨씬 더했다. 중국에는 없는 서자 제도에 공자도 알지 못하는 예법 중시에 하다못해 조선을 소중화(小中華)라며 자랑스럽게 여겼다. 조선이 조선다워야 조선이지 무슨 작은 중국이 자부심의 근거가 될까.

그럼 옛날 말고 지구촌 시대인 오늘날엔? 오늘날 우리 사회에는 미국인보다 더 미국인 같은 한국인들이 가지가지 다채롭게 존재한다. 태극기와 성조기를 나란히 흔드는 광화문 어르신들부터 미국 유학이 스펙의 완성인 엘리트 부대까지 인생 성공 안내도에서 미국은 길이요, 진리요, 생명이다. 미국 시민권은 상류층의 필수템이고, 상류층 진입을 꿈꾼다면 영어는 모국어다. 미국에서 기침이라도 하면, 우리는 얼어 죽을 것처럼 호들갑을 떤다.

대체 왜, 우리는 왜 이 모양 이 꼴이 된 걸까? 우리 정서와 우리 생각, 우리 학문과 우리 종교는 다 어디 갔을까. 전 분야에서 번역서가 최고의 책이고 국문학조차 외국어 능력에 따라 실력을 인정받는다. 그러다 보니 사회 구석구석이 표절과 모방의 혼돈 속에서 우리 사고는 외국의 유명인들에 의해 좌지우지된다. 우리 정체성이란 게 언제 있기는 있었나? 우리를 특정하는 문화라는 게 무엇이었는지 기억도 안 난다.

대체 왜, 우리는 왜 이렇게 된 것일까? 우리에게 한국적 특성이란 원래 없는 것인지. 그래서 학연, 지연, 혈연 같은 연고주의를 끔찍이 고집하는 것인지. 대한민국은 소속될 수 있는 공동체가 아니라서?

이제 좀 바꿔보자. 사대주의 근성은 타문화에 대한 수용력으로 진화시키고 배타적인 집단주의는 타자에 대한 존중감으로 전이시키자. 부끄럽지 않은가? 식민지 시대를 잊지는 말되, 식민지 백성의 태도는 버릴 때도 되지 않았는가 말이다.

오 마이 갓 오 마이 로드

종교와 경전의 관계

우리나라 신흥교단이 한때 경전으로 인용했던 『격암유록(格菴遺錄)』은 16세기 학자 남사고(南師古)의 작품이라 하기엔 지나치게 현대어의 사용이 많다. 예를 들어 도로(道路), 정거장(停車場), 공산(公産), 원자(原子), 철학(哲學) 등 개화기 이후의 단어가 등장한다. 특히 성경 관련 용어들 '羅馬簞二(라마단이)'는 로마서 2장, '哥前(가전)'은 고린도전서를 한자로 표기한 것이고 요한계시록(묵시록)의 용어들도 대거 눈에 띈다.

계시록 21장의 새 도성은 열두 대문으로 이루어진 구조다. 성벽은 벽옥이고 도성의 거리는 온통 맑은 수정 같은 순금이다. 열두 대문은 열두 진주로 성벽의 주춧돌은 열두 가지 각각의 보석으로 꾸며졌다. 그런데 이에 대응하는 구절이 그대로 『격암유록』, 「生初之樂(생초지락)」편에 있다.

금은보석으로 4천 리 성을 쌓아

(金築寶城四千里)

열두 대문을 밤낮으로 열어 놓고

(十二門開晝夜通)

수정으로 만든 유리국에

(水晶造制琉璃國)

금으로 만든 거리에서 사람들이 노래한다.

(金街路上歌人)

《신동아》논픽션 공모에서 허춘회 씨가 『격암유록』 형성과정에 대한 세세한 고백과 추적으로 당선되기 전부터 학계에서는 이 책을 위서라고 의심해왔다. 위서, 가짜 기록, 그래서 거짓된 책이란 건데 그러면 모든 위서는 정직하지 못한 책이므로 진리가 없다고 단언할 수 있을까?

그럼 성경은 어떤가? 성경도 위작이 대부분이다. 바울(바오로)만큼은 친서 아닌가 하고 싶겠지만 바울 서신 13개, 히브리서를 바울이 썼다고 보는 쪽은 14개, 그중 반만 본인 친서로 보고 나머지 반은 바울의 제자 또는 그에게 영향을 받은 교인으로 보는 것이 성서학계에서는 정설이다.

성서학자들은 자신이 존경하는 인물의 이름을 빌려서 책을 쓰는 것이 고대의 통상적인 관례라고 설명한다. 그것이 존경하는 인물에 대한 예의라고. 그러나 이런 설명은 현대인의 관점에서 보면 그냥 위작이라고 하는 것보다 훨씬 더 비겁하다.

위서를 작성할 때는 그만한 이유가 있다. 권위자의 인지도를 빌려 서라도 반드시 대중에게 전파하고 싶은 내용이 있다거나, 자신의 이름을 세상에 드러낼 수 없는 사연이 있기 때문이다. 진심으로 스승에 대한 존경심 때문이라면, 불경처럼 '부처님이 말씀하시되'의 형식을 사용하면 된다.

고대 그리스 철학서가 아카데미에서 스승의 수업을 받아 적은 강의 노트라는 것은 잘 알려진 사실이다. 이때 단순 기록자는 당연히 저자가 아닐 테고, 저작물의 가치는 원래 주인 즉 스승에게 귀속된다. 또 예부터 작가 중에는 자신이 불러주는 내용을 조수가 받아 적게 하는 사람들이 있다. 그러면 이것들도 위서인가? 당연히 그렇지 않다. 그러나 이런 기록방식과 위서는 목적 자체가 다르다.

위서는 당대 어떤 필요성에 의해 제작되는데, 그 필요성의 단위가 공동체 집단이다. 내용 중 태반이 민간신앙으로 구전되었기에 예언서에 적합하다. 그래서 예언서를 보면 과거의 일이 딱딱 들어맞는 것처럼 보인다. 그럴 수밖에, 이미 지난 일을 누가 정확하게 예언하지 못할까? 그래서 위서는 가치가 없다, 그런 말이 아니다.

왜 이런 책이 당대 민중에게 선택받고 사랑받아서 오늘날까지 살아남았을까? 게다가 아직도 효과를 발휘하는 이유는 무엇인가? 그때나 지금이나 무엇이 문제길래 여전히 문제의 중심에서 카리스마를 발산하는가? 그것을 연구하는 것이 후대 학자들의 몫이라는 이야기다. 대표적인 위서 요한계시록(묵시록)의 막강한 영향력을 생각해보라.

요한계시록은 사도 요한이 저자라는 믿음 때문에, 그 영향력이 실로 무지막지했고 지금도 강력한 힘을 발휘하고 있다. 여전히 어느 곳에서는 신자들의 운명을 쥐락펴락하고 있다. 그러니 양심적으로 신학을 공부한 사람이라면 저자 요한이 사도 요한이 아니라는 사실을 신앙인들, 특히 맹목적 신앙으로 인생이 바뀐, 그래서 위태로운 사람들에게 알려야 한다. 알면서도 침묵하는 것은 죄악에 동참하는 것이다.

성서의 저자는 우리가 익히 아는 성서의 인물들이 아니다. 모세는 모세오경을 쓰지 않았고, 복음서는 신앙 공동체의 공유물이다. 그래서 가치가 없다는 게 아니라, 그러니까 누구든 성서해석의 자유가 있다는 뜻이다.

어쩌면 같은 이유로 교회는 '성경무오설', 성경에는 오류가 없다는 가설을 더욱 고집해왔는지 모른다. 절대적 권위의 힘을 전제하지 않으면 저자가 누군지도 모르는 책을 진리라고 말하기 어려워서다. 아직도 꾸란(코란)은 경전 연구를 허락지 않는다. 이 사실만 봐도 감추는 쪽이 의심을 받는 거다.

이런 반론도 가능하다. 성경은 이미 2,000년 동안 검증된 책이고, 『격암유록』은 이제 막 만들어 기껏 50년밖에 안 지난 책인데, 어떻게 감히 비교할 수 있냐는 논리, 물론 합리적 비판이다. 다만 그랬을 때 진리란 세월에 의해 만들어지는, 프랑스의 철학자 미셸 푸코(Michel Foucault) 식으로 말하면 '지식의 고고학'인 셈이다. 즉 진리란 유용성과 권력에 의해 축조된다는 입장을 지지하는 것이다.

아니면 성경은 인류 구원에 목적이 있지만, 『격암유록』은 특정 교단의 사리사욕에 목적이 있으니 다르다고 말하겠는가? 그러나 예언서 자체는 당대 민중의 염원과 소망이 들어 있다는 점에서 그 배경이 같다. 무엇을 근거로 창작 의도와 목적에서 차원이 다르다고 말할 수 있을까. 그럼 이제 어쩔 것인가.

『격암유록』의 생성 과정은 성경과 마찬가지로 한 교단이 탄생하고 유지되고 발전하는 과정에서 발생한 일반적 현상이다. 다만 그 교단의 생명력에 의해 경전이 될 수도, 위서가 될 수도 있다. 그러니 모든 종교는 사기라고? 과연 그럴까? 신앙이 우리 인간의 삶을 지옥 같은 현실에서 건져줄 마지막 카드라면, 그래서 인간 생존과 존재 이유의 첫 카드였던 종교가 사실은 마지막 한 장 남은 히든카드라면 두렵지 않은가. 놓치고 있는 그 무엇이.

더러워진 목욕물을 버린다고 씻기던 아기까지 버리는 것은 어리석다. 종교의 폐해에 진저리가 난다고 그간 종교가 이룩한 문화적 성과마저 부정할 이유는 없다. 마찬가지로 특정 종교단체를 나왔다고 개인의 신앙까지 부인할 필요도 없다. 이제 우리 인간의 개별적 인식력이 적어도 고대 인간들보다 그리고 중세 인간들보다 그나마 좀 나아졌기 때문이다. 또는 나아져야 하기 때문이다.

오마이갓오마이로드

사탄의 탄생과 진화

너는 사탄이야! 이 말은 우리 사회에서 '너는 빨갱이야'와 유사한 기능을 발휘한다. 그러니까 사탄이란 세상 사악한 존재로 당장 짓밟지 않으면 내가 무참히 당하는, 끔찍하게 무섭고 혐오스러운 대상인 것이다. 대체 사탄이 뭐길래?

미국의 종교학자 일레인 페이절스(Elaine Pagels)는 『사탄의 탄생』(루비박스, 2006)에서 유대교의 사탄이 어떻게 변해왔는지를 설명한다. 요지만 정리하면 민수기와 욥기에서의 사탄은 하느님에게 순종하는 종이었는데, 신명기에 이르러 하느님의 존재를 위협하는 우상으로 진화한다. 그래서 신명기는 우상의 척결을 무엇보다 강조한다.

그러다가 스가랴(즈카르야)서에서 사탄은 내부의 적으로 진화한다. 즉 이민족의 문화 및 상업 관행을 채택하는 교파가 사탄으로 신의 적대자가 되었다. 이민족보다 같은 유대인과 더 많이 싸우는 이들 분리파는 자신들의 적을 배교자라 공격하고, 그들이 악한 세력의 유혹에 넘어갔다고 비난했다.

그러니까 사탄 개념이 일관되게 사용된 용어가 아니라는 게 핵심이다. 히브리 성경이나 주류 유대교 신앙에서 사탄은 서구 기독교 세계가 알고 있는 악의 제국의 지도자로 적대적 영의 군대를 이끌고 신과 인간을 상대로 전쟁을 벌이는 그런 존재가 아니었다. 그런데 구약 후반부에서 신의 대적자가 된 후 그런 이미지가 신약에서 강화된 것이다.

언론인 윌리엄 그린(William Green)이 그랬단다. 사회는 타자를 발견하는 것이 아니라 날조한다고. 우리의 경우 한국전쟁의 연장선에서 북한군을 늑대로 표현했던 시절이 있었다. 1978년에 개봉한 극장판 반공 애니메이션 똘이장군에서 주인공 똘이는 인격화된 붉은 늑대들과 싸운다. 불과 40년 전만 해도 우리 국민은 북한군이 우리와 동등한 인간이란 생각을 하지 못하도록 금지당했다.

이분법적 사고는 서구사회를 이끌어온 지배적인 사유구조다. 그 기반에는 기독교의 선악 구분 개념이 있었고, 그런 기독교의 대립구조를 강화한 배경에는 이스라엘의 바빌론 유배 시절이 있었다. 그리고 그 포로기 시절에 접한 선진문물 중에는 조로아스터교가 있었다. 선과 악의 뚜렷한 대결구조를 강조하는 조로아스터교가 유대교에 영향을 미쳤으리라고 보는 견해는 그리 새로운 주장도 아니다.

오 마이 갓 오 마이 로드

내가 선한 쪽에 서려면, 즉 내 생각과 행동에 더 많은 정당성을 부여하려면 나와 맞서는 상대가 극악할수록 좋다. 그래야 내가 더 돋보인다. 해리 포터에 볼드모트가 없다면 해리 포터는 존재 이유가 사라지고 만다. 서구, 특히 영국의 전통적 세계관이 집약된 해리 포터를 생각해보라. 선악의 극렬한 대립 구도에 죽음 후 부활하는 장면까지 성서적 영향력이 매우 크다.

인류학자들은 대개의 민족이 두 개의 이원적 대립, 그러니까 '인간 대 비인간'과 '우리 대 그들'로 구성된 세계관을 갖는다고 지적한다. 그러나 인류학이 아니더라도 우리는 경험에서 사람들이 적을 인간이 아닌 존재로 취급한다는 것, 특히 전쟁 때 그런 성향이 더욱 강해진다는 것을 안다.

영화 〈아바타〉(제임스 카메론 감독, 2009)에서도 인간은 영적 존재, 심지어 언어 없이도 상대의 세밀한 생각을 읽어내는 인간보다 훨씬 섬세한 영혼을 가진, 그야말로 인간보다 더 진화하고 뛰어난 종족인 나비족을 징그러운 괴물로 취급한다. 그래야 죄의식 없이 쉽게 죽일 수 있기 때문이다.

요컨대 선과 악의 이분법적 대립 구도는 그런 인식이 역사의 어느 시점에서 무엇 때문에 강화되고 유포되었는지 따져볼 일이다. 선악이란 게 태초부터 주어진 고정불변의 개념이 아니다. 그런 관점에서 사탄 역시 상대적 개념으로 이해해야 할 존재다.

갑질, 계급질? 문제는 민주주의!

사회 구석구석 빈틈없이 포진한 갑질 현상, 이게 고질병이 될 징후가 꾸역꾸역 보인다. 재벌가가 직원에게, 아파트 주민이 경비원에게, 손님이 종업원에게, 상사가 부하에게, 대체 누구 하나 이 촘촘한 그물망에서 벗어날 수 없다.

그리고 이런 갑질 현상의 원인을 자본주의의 폐해에서 찾는 사람들이 많다. 왜? 돈이 곧 전지전능한 신인 세상, 이를 자본주의라고 정의하기 때문이다. 여기서 자본주의의 본질이 뭔지는 논외로 치고 돈 앞에서 인격도 품위도 가뿐히 벗어던지는 인간 유형을 태초 이래 인간은 항상 그랬다고 믿는다. 그러니 사람들에게 돈을 주는 사람 내지는 돈을 쓰는 사람이 갑인 세상인 자본주의는 갑질을 발생시키는 시스템인 셈이다.

그런데 이상하지 않은가. 포악질을 해대는 갑들은 대체 왜 분노하는지, 굽신거리며 갑질에 순응하는 을들은 대체 왜 이를 문제 삼는지, 이를 자본주의로 설명하는 것이 가능한가? 돈이 알파요 오메가라면 갑들은 본인의 절대 권력을 우아하게 휘두르면서 갑질에 도취하는 기쁨을 누리면 그만이다. 을들은 납작 엎드려 기꺼이 을질하면서 복종의 충심을 드러내면 그뿐이다. 그래서 혹자는 갑질보다는 계급질이 적합하다고 새로운 용어를 투척했다.

그런데 계급질이라고 하면 문제가 더 애매해진다. 계급의 기준을 어떻게 정할 것인가? 직장에선 을이었다가 손님일 땐 갑이 되는 유동적인 계급을 과연 개념화할 수 있을까. 갑과 을의 관계가 하루에도 몇 번씩 수시로 바뀌는데, 이런 동태적 상황을 계급이라는 정태적 개념으로 해석하는 것이 가능할까? 그건 불가능하다.

그럼 뭔데? 왜 노동에 대해 임금을 지급하면서 인격까지 샀다고 착각하는 건데? 왜 모두가 한 표를 행사하는 민주주의 사회에서 대체 뭘를 근거로 갑질하는 건데? 민주주의는 평등이야, 그거 몰라? 개념은 어디다 말아먹고 폭군처럼 구는 건데?

그렇다. 바로 여기에 답이 있다! 민주주의의 성립 요건은 평등이라는 것, 1인 1표는 인간의 존엄성이 인간이란 존재만으로 거저 주어진다는 것, 여기에 분노를 유발하는 요인이 있다. 재벌 앞에서 서민이 쩔쩔매지 않으면, 손님 앞에서 종업원이 상냥하지 않으면, 집

주인 앞에서 경비원이 시키는 대로 하지 않으면, 상사 앞에서 부하가 눈치 보지 않으면 억울하고 화가 난다. 어린 시절을 통째로 갈아서 명문대 진학에 성공한 사람이 자신의 눈물겨운 노력을 사회가 보상해주지 않으면 억울해서 분노하는 것과 같은 논리다.

그러니 그들이 분노하는 건 자본주의 때문이 아니라 민주주의 때문이다. 평등이라는 같잖은 이념으로 사회가 굴러간다는 게 도저히 참을 수 없다. 내가 얼마나 어렵게 재벌 자리를 유지하는데, 내가 얼마나 힘들게 일류대에 들어갔는데, 내가 얼마나 꾹꾹 참아가며 돈을 벌고 있는데, 내가 얼마나 처절하게 경력을 쌓았는데…….

갑질하는 사람들을 폭발시키는 뇌관, 나보다 못한 인간이 나랑 맞먹네? 바로 이것이다. 경쟁력보다 경쟁심을 키우는 사회에서 평등이란 바퀴벌레처럼 박멸하고 싶은, 그야말로 거슬리는 말이다. 대체 어딜 봐서 저렇게 무능하거나 내지는 불성실한 인간이 나와 같은 급이란 말이냐? 또는 태생부터 천하거나 아니면 나만큼 피눈물 흘리며 견뎌보지 않은 인간이 어떻게 나와 같은 대우를 받는단 말이냐.

그래서 이런 평등주의로 인한 불만, 도저히 용납할 수 없는 마음을 종교에서 위로받는다. 어떻게? 선민의식으로! 바로 내가 신에게 선택받은 사람이란 것으로. 갑질을 정당화하거나 을질을 합리화하거나 부자에게는 신의 축복을 빈자에게는 신의 구원을, 부자는 현재 시점에서 빈자는 미래 시점에서 신도는 특별히 신의 선택을 받은 사람들이다.

안타깝지만 이런 선민의식을 강하게 자극하는 종교일수록 또는 교단일수록 빠르게 성장한다. 국내뿐만 아니라 전 세계적으로도 그렇다. 유대인이 적은 인구로 세계 경제를 장악했듯, 상대적 우월감이 놀랄 만한 번영을 가져다준다. 이거야말로 인간에게 진정 원죄가 있다는 증표가 아닐까.

여적여, 혐오의 본질

아직도 우리 사회에서 '여적여', 여성의 적은 여성이란 말이 버젓이 통용된다. 남자들의 세계는 '민증 까'를 하든 학연을 동원하든 지위를 따지든 회식 한 번 하고 나면 놀랍게도 질서정연하게 위계가 딱 세워진다. 그러나 위계질서에 익숙지 않은 여성들은 수평적으로 관계를 맺으려다 보니 앞선 고생녀들의 보상심리가 충족되지 않는다. 지위에 대해 나이에 대해 경력에 대해 상대 여성이 눈치 보지 않으니 울화가 치민다. 상대가 당당할수록 나의 고생 고생 생고생들이 무시당하는 거 같다. 그래서 내가 기분 나쁜 만큼 경멸하고 밟아주고 싶다. 안 그러면 남성 중심의 사회에 편입하려고 울면서 노력했던, 상처로 점철된 비굴하고 비겁했던 나의 과거가 부정당하는 것 같아 견딜 수 없다.

감히 평등이라니, 5,000만 국민을 계량화해 일렬로 줄 세우는 사회에서 평등은 현실 용어가 아니다. 그런데 민주주의는 평등을 지향해야 한다고 철없이 부추긴다. 그나마 남자들은 윗사람에게 깍듯한 태도가 몸에 뱄는데, 여자들은 군대를 안 갔다 와서 그런지 도대체 위아래 구분이 없다.

이게 무슨 논리랑 같을까? 약자끼리 싸움 붙이는 것, 빈자끼리 싸우면 부자가 편하고 국민끼리 싸우면 통치자가 편하고 약소국끼리 싸우면 강대국이 편하다. 그렇지 않은가. 그럼 여자끼리 싸우면? 당연히 남자가 편하다. 여자가 여자를 끌어내려야 남자끼리 경쟁하기도 벅찬데 그나마 다행인 것이다.

그러니 어쩌랴. 경쟁심 대신 경쟁력을 키우려면, 공정한 기회와 과정이 누구에게나 주어져야 한다. 그리고 과도한 보상심리를 유발하지 않으려면, 인성을 파괴할 정도의 초인적 노력을 개인에게 요구하지 말아야 한다. 즉 죽어라 일하지 않아도 적당히 살 수 있는 사회, 그러니까 양극화가 너무 심해 상층은 돈과 권력에 중독되어 죽고, 하층은 당장 내일을 보장받지 못해 불안감에 시달려 죽고, 중층은 하층으로 떨어질까 두려워 기를 쓰고 살다가 죽는 그런 사회가 먼저 개선되어야 갑질이니 왕따니 하는 병리 현상이 사라질 것이다. 그러면 이런 혐오문화의 하나인 여적여도 자연스럽게 소멸할 것이다.

억울한 사람이 많은 사회에서 평등은 혐오를 부추긴다. 가난한 백인이 가난한 흑인을 더 혐오하듯, 열악한 환경의 노동자가 열악한 환경의 이민자 외국인을 더 혐오하듯, 남성 중심의 사회에서 약자인 여성은 같은 약자인 여성을 더 혐오한다. 왜? 나보다 못하면서, 그게 나이든 경력이든 외모든 지위든 나와 맞먹으려는 것도 참을 수 없지만, 혹시라도 나보다 잘나간다면 그건 더욱 상상하기도 싫으니까.

이런 약자 간의 혐오를 부추기는 곳이 종교계에서는 극우 개신교다. 종북좌빨에 대한 혐오감이 약간이나마 옅어지자마자 동성애와 이슬람 혐오에 전력을 쏟고 있다. 왜냐면 동성애자와 무슬림들이 우리 사회에선 소수자 곧 약자이기 때문이다. 혐오를 이용해서 권력을 유지하는 자들은 절대로 강자를 건드리지 않는다. 이는 혐오를 발생시키는 불변의 속성으로 약자 스스로 자존감을 갖기 어려운 만큼 그만큼 배타적 우월감에 쉽게 유혹받는다.

가톨릭 여성 신자들이 여성 사제를 원하지 않는 것도 같은 이유로 이해할 수 있다. 사제가 신자보다 지위가 높다고 생각하는 한 여성의 낮은 위치에 익숙한 여성 신자들은 자신보다 윗급인 사제직을 자신과 동급인 여성이 수행한다면 그 자체가 싫고, 싫어서 인정할 수 없는 것이다.

사제중심주의에 익숙한 가톨릭에서 여성 사제가 나오려면, 더 이상 여성이 사회적 약자가 아니라는 인식이 지배적이어야 한다. 강자끼리는 상대를 혐오하지 않으니까. 아니면 사제와 신자의 관계가 수직적 고하가 아니라 수평적 역할 구분에 한정되면, 질시의 대상이 되지 않는다. 그것도 아니면 가톨릭이 완전히 교세가 기울어 여성들의 헌신 없이는 유지되기 힘들어질 경우가 있다. 어려웠던 초대 교회에서는 여성 신도들의 역할이 컸을 뿐만 아니라, 여성 사도도 있었다고 한다. 그 수밖에는 없다. 여적여는 인간 본성의 문제가 아니라 사회구조의 문제이기 때문이다.

바벨탑의 설계 원리, 강제전도

노골적으로 적의를 드러내는 사람과 대화하는 건 힘들고 두려운 일이다. 그런데 그보다 더 힘들고 두려운 일은 자기 확신에 찬 사람과의 대화다. 그 옳다는 생각이 자신의 이익을 보장한다면, 그리고 그 이익이 정의로 치환된 상태라면 그런 사람과의 대화는 공포 영화가 실사판 현실이 된 느낌, 그것과 비슷하다.

　전도가 곧 구원인 특정 종교단체의 전도 논리도 그렇다. 나는 구원받았으니 이 은혜로움으로 타인을 구원해야 하는데, 이때 더 많이 전도할수록 나의 구원력이 상승한다. 나는 오로지 타인을 위해 전도한다고 스스로 굳게 믿지만, 결과적으로는 나의 구원이 무엇보다 우선이다. 다시 말해 전도 한 명당 구원 포인트도 한 단계 오르니 당연히 한 사람 한 사람이 대단히 소중하다.

　이와 같은 논리가 다단계, 요즘은 네트워크라고 하는 그런 회사에도 적용된다. 내가 부자 되는 법을 알았으니 이 방법으로 타인도 부자 되게 해주고 싶은데, 그러려면 회사가 요구하는 구매 조건에 맞춰야 한다. 나는 나 혼자 부자 되자고 이러는 게 아니라 다 같이 잘 살자고 이러는 것이니, 누구에게나 당당할 수 있다. 더욱이 한 사람 한 사람이 모두 평등하게 사내 규칙에 따라 돈으로 환산되니 사람 자체가 끔찍이 소중할 수밖에 없다.

당신을 위해서야, 이 말의 공포감은 이 말이 진심이라는 데 있다. 나한테 좋은 것이니 당연히 당신한테도 좋은 것이다! 내게 유익하니 네게도 유익하다! 이 간단한 진리를 상대가 거부하면 상대는 구원받을 기회를 놓친 사탄이 되거나 일확천금의 기회를 놓친 무지몽매한 인간이 된다. 그러니 어디까지나 내 말을 못 알아듣는 너, 당신이 문제야!

그런데 왜 이런 부류가 점점 늘어나는 것일까? 도대체 그들은 어디서 이런 확신을 투여받는 것일까. 무엇이 그들을 이토록 견고한 관 속에 가둔 것일까. 물론 그 사연은 제각각 다르겠지만, 그렇게 관 같은 방에 갇혀 나오지 못하도록 설계된 곳, 그곳이 바벨탑이다.

유튜브 사용자의 어마어마한 증가는 우리 사회의 확증편향 현상을 더욱 공고하게 만든다. 내가 보고 싶은 것만 골라 볼 수 있으니, 내 생각은 점점 객관적인 게 되고 그것만이 사실이라 믿게 된다. 이제 사실은 믿음의 영역에서 진리가 되고 진실이 된다. 바벨탑이 절대 무너지지 않는 견고한 철옹성이 될 수 있는 원리다.

정리하면 전도의 불편함은 전도자가 전도에 어려움을 느낄수록 이를 도전이라고 여기는 데 있다. 그러다가 해도 해도 안 되면 상대가 사탄이거나 무지몽매한 인간이라 그런 것이니, 전도자 입장에선 전혀 기죽을 일도 더구나 자기 탓도 절대 아니다. 그래서 좀비 영화가 무서운 이유, 사냥에 실패해도 그들은 상처받지 않는다.

바벨탑의 전설, 불통 지옥

우리나라는 핀란드에 이어 세계에서 두 번째로 높은 대학 진학률을 가졌다. 핀란드가 무상교육이란 걸 감안하면, 우리의 교육열은 실로 어마어마하다. 쉬운 글자인 한글 덕분에 문맹률도 엄청 낮고, 20대의 독해력은 OECD 가입국 중 최상위권이다. 그런데 연령대가 높을수록 독해력이 떨어져서 40대 이상 독해력은 OECD 가입국 중 최하위권이란다. 그래서 청년층과 중장년층 이상의 독해력 차이가 가장 큰 나라라고, 이게 한 3년 전쯤 기사다.

언젠가부터 우리 포털의 댓글에는 난독증이냐, 제목만 보고 댓글 달았구나, 같은 유형의 반응이 아주 빈번히 나타나고 있다. 물론 난독증은 글자의 조어 자체가 잘 안 되는 증상이니 독해력이 없다는 지적에 적합한 말은 아니다. 다만 현재 우리 사회에서 통용되는 난독증은 글의 문맥을 파악하지 못하고, 특정 단어에 꽂혀 자의적으로 해석한다는 정도로 사용된다. 그러니까 각자 자기식으로 해석하다 보니 정작 독해가 안 된다는 뜻이다.

왜 독해가 안 될까? 나이가 진짜 관련이 있긴 한 걸까? 그건 각자의 경험치가 다른 만큼 언어의 결도 그만큼 다르기 때문인데, 대체로 우리는 경험을 통해 인식의 폭이 넓어지리라 기대한다. 하지만 실상은 그보다는 경험으로 선입견이 생겨서 사고를 편협하게 가둬버리는 일이 더 비일비재하다. 이는 문자언어, 음성언어 할 것 없이 마찬가지다.

그런데도 우리는 소통을 한다고 착각한다. 그러나 우리의 대화는 거의 다 일방향 소통, 한쪽에서 자신의 언어를 일방적으로 사용하면 상대는 그것을 일방적으로 해석하는 형태다. 그 해석에 문제가 없으면 소통이라고 생각한다. 그러나 그 과정에서 주고받은 것이 없으므로 소통했다고 하기 어렵다. 이런 일방성이 한쪽에 의해 수용되지 않으면 갈등이 발생한다. 그래서 수평적 관계를 표방하는 사이일수록 갈등이 자주 폭발한다.

내가 세상의 기준이었던 때가 있다. 사춘기, 그러나 세상이 나를 중심으로 돌아가는 게 아니란 걸 깨닫는 순간 사춘기는 끝나고 남의 언어를 해석하기 시작한다. 물론 내가 중심인 세상이 붕괴되는 충격을 겪지 않은 사람들은 여전히 자신이 우주의 중심인 채로 살아간다.

오마이갓 오마이로드

독일 작가 헤르만 헤세(Hermann Hesse)의 언어로 말하자면 알을 깨고 나오는 것이 사춘기의 끝이다. 그러나 알 밖은 위험하고 알속은 안전하다. 그러니 웬만하면 알을 깨고 나가고 싶지 않다. 그런데 문제는 알 속에 머물려 해도, 외부에 의해 알이 깨진다는 사실이다. 이래저래 우리의 삶이 고달프다. 타자나 환경에 의해 나를 둘러싼 껍데기가 강제적으로 깨지기 마련이다. 그래서 종교에 숨어서 바벨탑에 자발적으로 갇히기를 원하는 사람들이 생겼다.

그래서일까? 신심이 강하다는 사람들을 만나면 대화가 잘 안 된다. 그들의 언어가 자족적인 체계를 가지고 있기 때문이다. 지옥은 멀리 있지 않다. 상대가 내 말을 오해하고 나 역시 상대의 말을 알아듣지 못하는 현실, 이곳이 유황불 활활 타는 지옥이다. 그러니 지옥의 원래 이름은 바벨탑, 결국 소통하지 못하기에 서로가 서로에게 감옥이고 무저갱인 셈이다.

우리 사회와 종교의 미래

세대 차이로 인한 세대 간의 갈등은 현재 우리 사회가 안고 있는 난제 중 난제다. 이는 사회 변화의 속도를 기성세대가 따라가지 못한다고 보는 일반론도 물론 타당한 측면이 있다. 그러나 다양성을 존중하고 개인주의를 지향하는 오늘날에도 여전히 존재하는 세대 차이는 어떻게 설명할까? 내가 소속된 집단에서 요구하는 획일적이고 전체주의적인 사고에서 벗어나지 못하는 한 우리 사회의 오래된 고질병은 개선되지 않는다.

살면서 한 번이라도 모난 돌이 정 맞는다는 말을 들어본 사람이라면, 자신의 다름을 틀림으로 비난받았던 기억이 있을 것이다. 그래서 우리 사회는 아직도 네 종류밖에 안 되는 혈액형처럼 단순하게 유형화된 양식으로 타인을 인식하려고 한다. 더욱이 일본의 집단 문화인 이지메와 유사한 왕따 현상은 이제 학교를 넘어 직장에서도 쉽게 발견된다.

이렇게 대세 추수적인 성향은 큰 흐름에 민감한 대중성을 형성해 촛불집회처럼 놀라운 결과를 이뤄내기도 하고, 집단적인 사고로 인해 개인의 자율성과 선택권이 제한되는 부작용도 초래한다. 그래서 오늘날처럼 대형교회의 비리가 만연하고 이른바 이단이라고 하는 종교단체가 사회 문제를 계속 일으킨다면 종교는 게토화할 가능성이 크다.

이미 교회 밖의 언어와 교회 안의 언어가 다른 현실에서 신자수가 줄어드는 만큼 종교는 사적 영역으로 밀려날 것이다. 이러한 상황에서 대학가에 무차별 전도를 문제 삼아 '전도거부카드'라는 대안이 나왔다. 이는 종교가 처한 우리의 현실을 보여주는 적나라한 단면이다. 신천지, JMS, 하나님의 교회, 대순진리회 등 몇몇 단체의 극단적인 포교 활동에 거부감을 가진 대학생들의 반종교 활동, 이에 대해 종교계는 경각심을 가지고 대처해야 한다.

안 그러면 혐오를 토양으로 성장하고 유지하는 종교가 그들 스스로 혐오의 대상이 되어 사회 구성원으로서 문제적 인간이란 주홍글씨를 달게 될 수 있다. 설마 거기까지 갈까 방심하기 전에 지금 그 근처까지 가고 있음을 알아야 한다.

코즈모폴리터니즘과 종교

세계는 아브라함의 종교, 곧 유대교, 기독교, 이슬람교가 서로 엉켜서 전쟁이 끊이지 않고, 세계화라는 허울 아래 경제적 양극화 현상이 극단적으로 심해져 국가별 계층별로 그 간극이 실로 엄청나다.

이런 현실로 인해 강남순은 『코즈모폴리터니즘과 종교』(새물결플러스, 2015)에서 '인류 가족'이라는 매우 관념적인 유토피아를 제안한다. 코즈모폴리터니즘, 세계주의라고 번역하면 될까? 이는 세계화의 그늘에 대한 대안이다.

세계화가 제국주의의 폭력성을 시장주의로 치환한 승자독점의 시스템, 그것으로 오늘날의 지구적 위기를 초래했다면 코즈모폴리터니즘은 그러한 지구적 위기를 벗어나려는 각계각층의 저항, 바로 여기에 기대를 건다. 그래서 코즈모폴리터니즘 개념이 다소 이상적이고 상당히 관념적이지만, 실상은 절망스러운 현실 인식을 토대로

오마이갓오마이로드

발생한 절박한 외침이다.

따라서 이를 비현실적이라고 비판하는 일은 그다지 건설적이지 않다. 개념이 하는 역할은 구체적인 상황에 처했을 때 나아갈 방향을 가리키는 것이지 일상의 세세한 해답을 제시하는 것이 아니기 때문이다. 그러니 코즈모폴리터니즘을 실천하려는 정책과 제도의 성립은 특히나 공론장의 구축과 집단지성의 수용이 요구된다.

예를 들어 난민의 문제가 그렇고 이주 노동자의 문제가 그렇다. 이는 국민통합의 문제이므로 기존 국민의 생존권을 우선순위에 놓을 수밖에 없다. 즉 코즈모폴리터니즘이 악용되지 않으려면 기존 사회의 약자를 먼저 배려하는 관점이 전제되어야 한다.

그렇지 않으면 세계화가 공정한 경쟁이란 미명의 허울로 부익부 빈익빈의 극대화를 합리화했듯, 코즈모폴리터니즘도 사회적 약자의 확대에 일조할 우려가 있다. 개인적 측면에서는 내 안의 편견과 선입견을 항상 감시하는 삶의 자세가 필요하다.

내 안의 완고함이 다양성과 상이성을 열등한 것으로 보고 있지는 않은지, 그리고 내 안의 무지함이 독선과 아집을 정당화시키고 있지는 않은지 매 순간 성찰할 일이다. 덧붙여 내가 너무 옳으면 타인이 다 그르게 되는 이치를 염두에 두어야 한다. 그리고 우리 안에 보편성이 있다는 것도 인정해야 한다.

그랬을 때 코즈모폴리터니즘은 자기 수양의 한 방편에 가장 가깝다. 성실한 사람이 성실하지 않은 사람과 비슷한 소득을 얻는 것에 대한 수용, 재능 있는 사람이 재능 없는 사람과 유사한 대우를 받는 것에 대한 이해, 그런 것이 수반되지 않으면 코즈모폴리터니즘은 국경 없는 의사회처럼 시혜자와 수혜자의 간극을 좁힐 수 없다.

과거에도 백성이 있어야 왕이 존재할 수 있다는 인식이 있었다. 이는 민주주의 사회에서는 더 이상 반론의 여지가 없는 명제다. 다시 말해 국민 위에 지도자 없고 국민 위에 국가 없다. 이런 인식의 지평에서 보면 환자 없이 의사 없다. 특히 전쟁의 피해자는 전적으로 본인 잘못이 아니다.

디오게네스는 거리의 노숙자면서 철학자였다. 유대의 랍비들은 가난하게 살아도 유대인들의 스승이다. 이렇듯 전문 지식과 기술은 그것 자체로 인격과 정체성을 형성하는 요소다. 이를 이용해 재산을 축적하려 하거나 우월한 위치를 점하고자 하지 않는다.

그런 의미에서 코즈모폴리터니즘은 개인의 지위나 기능에 따른 역할의 차이는 인정하되 그로 인한 우열은 가리지 말자고 주장한다. 이처럼 코즈모폴리터니즘은 완성된 세계에 대한 결과적 상상물이 아니다. 계시록(묵시록)이 완성된 세계를 보여준다는 점에서 이처럼 세계주의는 기독교적 세계관과 차이가 있다.

그럼 코즈모폴리터니즘은 종교가 아닐까? 글쎄다. 과정에 대한 상상이든, 결과에 대한 상상이든 그것이 현실에서 실현 불가능한 이

오마이갓오마이로드

넘형이라면 궁극적으로 지향성이 같은 것이다. 신선의 무릉도원이며 부처의 미타찰이 지구상 곳곳에서 이루어지려면 결국 우리 인간이 모두 득도하거나 초인이 되는 수밖에 없지 않은가.

펭수, 스타, 아이돌 그리고 우상화

최근 펭수의 본체, 그러니까 인형탈 속의 사람이 누구냐에 대한 논란이 있었다. 네티즌들은 유튜브의 어마어마한 자료를 이용해 펭수의 자랑인 요들송을 똑같이 부른 유튜버가 자이언트 펭TV 로고 송 저작권자라는 것까지 밝혀냈다. 대단하다. 숨어 있는 셜록 홈즈가 널려 있는 세상. 이에 팬들은 펭수는 펭수일 뿐 본체를 캐지 말라고 항의했는데 이는 평소 EBS의 지독한 캐릭터 세계관을 좋아하는 팬들 입장에선 당연한 요구다.

2003년 일본에서 방영된 한국 드라마 〈겨울연가〉(2002)는 배용준을 욘사마로 만든 기념비적 작품으로 한류의 전설이다. 이때도 일본의 욘사마 팬들이 좋아한 건 배용준이란 사람 자체가 아니라, 〈겨울연가〉의 강준상과 동일시되는 캐릭터 배용준이었다. 그래서 부드럽고 애틋한 이미지의 욘사마는 열렬히 소비되어도 남성미 철철 흐

오 마이 갓 **오 마이** 로드

르는 근육질의 배용준이나 강인한 무사 배용준은 외면받았다. 왜? 일본 팬의 마음을 사로잡은 건 〈겨울연가〉의 창백하고 우수에 찬 욘사마니까.

이미지가 곧 상품 가치인 스타급 연예인이 자신을 캐릭터화하는 건 당연하다. 아이돌의 수더분함, 털털함은 그것까지 이미지라는 걸 인정해야 한다. 일반인도 그런 면이 없지 않다. 10년 연애해서 결혼했는데도 결혼생활은 다르다고 하지 않는가. 그러니 팬들이 스타에게 있는 그대로의 모습을 원하지 않는다고 해서 이상한 일은 아니다. 아이돌의 원래 뜻이 우상이고, 우상이란 용어에는 맹목적인 숭배의 의미가 있으니까. 대중의 기대를 저버린 스타에게 또는 규정된 이미지를 깨뜨린 아이돌에게 등을 돌리는 건 흠집 난 상품이 헐값에 매매되는 것과 같은 이치다. 그러니 어떤 아이돌이, 저를 있는 그대로의 저로 사랑해 주세요, 한다면 그것은 소비자 윤리에 도전하는 과한 요구일 수 있다. 가족 간에도 서로 있는 그대로 받아들이지 못해 가가호호 그 사달이 나는 거 아닌가.

그런데 아는가? 성서 전체를 관통하는 일관된 외침 하나를 뽑으라면 그것이 "우상숭배는 안 돼!"라는 것을. 우상은 진짜 신이 아냐, 가짜에 현혹되지 마, 피를 토하며 외쳤지만 그런 호소가 먹혔던 시대는 없었다. 창세기부터 계시록까지 유대인들은 하나같이 우상숭배 때문에 민족이 통째로 작살난다.

그럼 현대의 우리는 뭐 다를까? 자기 자신과 멀어지게 하는 모든 것, 그게 돈이든 권력이든 사람이든 그건 다 우상의 다른 이름에 지나지 않는다. 맹목적 숭배 대상이 곧 우상이니까. 우리의 이런 우상 숭배 심리를 마음껏 공인해주는 현상, 스타나 아이돌에 열광하는 문화는 타인에게 무해한 범위 내에서 얼마든지 사회가 용인해주는 사적 영역이다.

공동체의 집단환상을 만족시켜줄 존재, 그건 선악의 문제가 아니라 오호의 문제일 뿐이다. 그리고 문화적 우상숭배가 종교적 우상숭배보다 공동체에 유익하다면, 종교는 문화에 기꺼이 바톤 터치를 당하는 게 진화적 순리다.

그런데 펭수의 본체로 유력시되는 유튜버의 과거 어떤 한 장면이 문제가 되자 본체를 교체해 달라고 일부 팬들이 항의했다. 펭수 캐릭터는 버릴 수 없지만, 본체를 생각하면 기분이 나빠지니 바꿔 달란다. 여기서 문제는 펭수 캐릭터와 본체는 다른 인형탈과 달리 일체화되어 있다는 것이다. 그래서 일부 팬은 본체의 인성을 알고는 좋아할 수 없다며 손절매하겠다고 선언했다.

혹자는 말한다. 정확한 사실도 아닌데 왜 뇌피셜로 매도하냐고, 그리고 펭수는 본체와 상관없는 그냥 펭수라고. 그러나 펭수는 우상이기 때문에 작은 흠도 어떤 열성 팬들에겐 상처가 된다. 100만 구독자 달성 이벤트 방송을 하는 동안에도 구독자 수가 초과배속처럼

오마이 갓 오마이 로드

가속도가 붙는 펭수의 인기가 쉽게 사그러들진 않을 것이다.

2020년 8월 기준 구독자가 210만 명인 펭수, 궁금하긴 하다. 펭수의 본체는 캐릭터 펭수로서 얼마나 버틸지, 그리고 언제까지 대역으로 만족할지, 본체가 공개되어도 팬들의 펭수 사랑에 변함이 없을지, 캐릭터와 연기자를 일체화시킨 ebs의 놀라운 모험이 가 닿을 종착지가 어딜지 무척 흥미롭다.

Part 3

×

종교, 섹스, 그리고 신앙

'아가'는 감미로운 사랑 노래가 아니다

아가의 표제가 "솔로몬의 가장 아름다운 노래"(아가 1,1)이므로 응당 아가에 등장하는 왕은 솔로몬이다. 그리고 솔로몬의 어머니 '밧 세바'는 "엘리암의 딸로 히타이트 사람 우리야의 아내"(2사무 11,3)이다. 따라서 밧 세바의 딸은 모계가 이방인인 여성으로 "나 비록 가뭇하지만 어여쁘답니다."(아가 1,5) 하는 표현이 자연스럽다.

또한 밧 세바가 귀족인 엘리암의 딸이므로 밧 세바의 딸도 "귀족 집 따님"(아가 7,2)이다. 그래서 같은 어머니의 자식인 솔로몬은 그녀를 "나의 누이 나의 신부"(아가 4,9-10; 5,1)라 부르고, 이 "술람밋"(아가 7,1) 여인은 솔로몬이 아니라 자신의 연인에게 "당신이 내 어머니의 젖을 함께 빨던 오라버니 같다면! 거리에서 당신을 만날 때 누구의 경멸도 받지 않고 나 당신에게 입 맞출 수 있으련만"(아가 8,1) 하고 안타까워한다.

오마이갓오마이로드

이렇게 술람밋은 자신의 연인이 "내 어머니의 젖을 함께 빨던 오라버니 같다면, 나를 가르치시는 내 어머니의 집으로 당신을 이끌어 데려가련만"(아가 8,1-2)이라고 탄식한다. 즉, 아가의 주인공 술람밋은 밧 세바의 딸로 솔로몬의 누이이면서 후궁이 된 여성이다. 당시 권력의 중심에 있던 밧 세바와 솔로몬에 의해 자신이 사랑하는 남자와 헤어지게 된 여인, 그 비극의 여성이 술람밋이다.

아가의 여러 해석 중 가장 인기 있는 것은 신랑을 야훼로 신부를 이스라엘 백성으로 보는 알레고리 기법이다. 그럼으로써 왕의 절대 권력 아래 이루어진 관계적 폭력성을 사랑이란 이름으로 미화할 수 있었다. 그래서 성서 중 가장 아름다운 노래라고 극찬받는 아가의 서사가 실상은 삶의 주도권을 뺏긴 여인의 짓밟힌 사랑 이야기고, 더욱이 그녀는 어머니인 밧 세바의 강요로 오라버니인 왕에게 바쳐진 여인이란 사실이 새삼 놀랍다.

반면 아가를 은유로 표현된 하느님과 이스라엘 백성 간의 사랑 이야기로 둔갑시킨 것에 반발, 문자 그대로 남녀 간의 아름다운 사랑 이야기로 보자는 근대적 관점도 있다. 다만 이런 해석 역시 자신의 의지와 무관하게 후궁으로 운명 지워진 여인의 비극에 관심 없긴 매한가지다.

아가 텍스트에는 외부 환경에 의해 연인과 헤어진 후 연인을 찾아 헤매고 다니다가 폭행당하는 가엾은 여인의 절절한 목소리가 그대로 드러나 있다. 비록 그녀가 귀족의 딸(아가 7,2)로 자신의 포도밭을 소유(아가 1,6)한 부자라 해도 자신의 감정을 숨긴 채, 왕의 시중을 기꺼이 들어야 하는 비운의 여인에 지나지 않기 때문이다. 결국은 왕과의 혼인을 영광과 축복으로 강요받는 비주체적 여성일 뿐이다.

그런데 이런 여인의 비극적 서사를 아가 해석자들은 솔로몬 왕의 아름다운 사랑 이야기로 미화하거나 하느님과의 사랑 이야기로 포장해왔다. 그렇다고 해서 이런 아가의 해석에 반대해 아가를 양성평등을 주장한 사랑 노래, 특히 주인공 여성이 지배적인 목소리를 내므로 대항문학이라고 결론 내는 것 또한 위험하다.

물론 적나라한 남녀 간의 사랑 묘사와 선정적인 표현이 지배적이며 하느님 신앙을 언급하지 않고 여인의 대사가 더 많다는 점 등은 주지의 사실이다. 그러나 이런 특징들이 반드시 기존의 질서를 전복하려는 의도로 읽히지는 않는다. 더욱이 피해자 여성의 목소리를 덮어버린다는 점에서는 여전히 폭력적인 해석일 수 있다.

2세기 말 그리스도교 공동체를 관찰해 기록으로 남긴 의사 갈레노스(Claudius Galenus, 129~199)는 그리스도인이 결혼한 후에도 성적인 금욕을 실천했다는 사실에 놀란다. 교회는 성욕의 절제를 그리스도인과 이교도를 구분하는 상징으로 여겼던 것이다. 이러한 사실은 그리스도교가 초기부터 성에 대해 매우 큰 혐오와 두려움을 드러냈음을 시사한다.

오마이 갓 오마이 로드

그런데 이런 풍조 속에서 남녀 간의 적나라한 사랑과 관능적인 육체미를 찬미하는 아가를, 그리스도인이 아름다운 노래로 인정해 왔다는 것에 대해서 어떻게 설명할 수 있을까.

그리스도교가 이런 성(性)의 통제를 통해 외연을 확장하고 내적 기강을 확립해온 만큼 아가는 성적 판타지를 해소하는 출구가 되어 주었으리라. 따라서 알레고리 기법으로 영적 사랑이라 해석하든 문자 그대로 육적 사랑이라 이해하든 그리스도교 신자들은 아가를 감미로운 사랑 노래로 믿고 싶었을 것이다. 그러나 아가를 직접 한 장 한 장 넘기면서 읽어보라! 그러면 술람밋 여인의 비통함과 눈물이 너무나 쉽게 눈에 들어온다.

가나안 종교와 여신, 우상숭배

구약에서 이스라엘 민족은 이집트 탈출 이후 끊임없이 우상숭배 문제로 내적인 분열과 갈등에 노출된다. 가나안 종교와 모세의 신앙을 혼합하려는 대중의 시도에도 불구하고, 둘은 신에 대한 이해에서 정반대의 세계관을 나타내는데 그 대립의 핵심에 성교(Sex)에 대한 태도가 있다. 가나안 종교는 성교를 신성시한 반면, 야훼는 본래 성적이지 않았고 성교 의식에서도 숭배되지 않았다.

바알은 죽었다가 다시 살아나는 다산제의 범주에 속하는 신으로 여름 가뭄의 절정기 때 못(죽음)에 의해 살해되었다가 아내 아낫에 의해 부활한다. 이 신화는 생명과 다산을 기원하는 가나안 신년제에서 매해 공연되었다. 그리고 공연 후에는 예배자들 간에 성스러운 결혼의 의미를 담은 제의적 성교행위가 이어졌다. 가나안 종교의 이런 제의 형태는 야훼 예배와 충돌하는 요소다.

또한 아세라 목상을 세우지 말라는 명령 내지는 이를 파괴하는 장면이 구약에서 총 40회 등장한다. 이는 그만큼 아세라 숭배가 일반적이고 흔한 일이었음을 반증한다. 그렇다면 아세라는 누구인가? 아세라(엘의 배우자), 아낫(바알의 누이), 아스타롯은 13세기 이전 가나안 지역에서 섬기던 대표적인 3대 여신이다.

아세라가 판관 시대(사사 시대)에는 야훼의 제단으로 상징되다가 왕정 시대에 이스라엘의 신이 되었다고 보는 파타이 같은 학자도 있다. 이 같은 견해는 아세라가 바알과 결합되었다가 다시 야훼와 결합된 자료에서 뒷받침된다. 핑컬스타인과 실버먼의 주장처럼 이스라엘의 유일신 사상이 기원전 7~6세기 바빌론 포로기 시절에 강화된 것이라면, 그 이전까지 아세라는 야훼의 배우자로서 최고 여신의 위치였던 것이다.

고고학자면서 가톨릭 사제인 드 보(Roland de Vaux)는 1965년도에 출간한 『고대 이스라엘(Ancient Israel)』에서 성경 연구를 바탕으로 헤브라이 여성들을 다음과 같이 설명한다.

이스라엘 부인의 사회적, 법적인 지위는 주변국들에 비해 열등했다. 부인은 남편을 바알, 즉 주인이라고 불렀다. 또한 아돈, 즉 주(主)라고 부르기도 했다. 사실상 노예가 주인을, 신하가 왕을 부르는 것과 마찬가지였다. 십계명에서는 부인이 소유물 가운데 하나로 간주된다. 부인은 평생 미성년자였고, 여자는 상속에서 제외되었다.

　게다가 가나안 지역에서 일반적이었던 여신숭배가 이스라엘에서
는 우상숭배였다. 이는 이스라엘 여성의 사회적 법적 지위가 주변국
보다 낮았던 것과 관련 있어 보인다. 또한 금기는 통제와 관리를 수
월하게 만드는 효과가 있다. 이를 통해 야훼 신이 유대교의 유일신
으로 자리 잡는 과정에서 이스라엘은 민족적 정체성을 확립해갔다.

　정리하면 모세가 히브리인들을 단결시킨 유일신 야훼는 가나안
지역의 최고신 엘과 결합하면서 바알과 아세라를 우상으로 격하시
켰으나 민중들은 풍요의 신인 바알과 아세라를 쉽게 버리지 못했다.
즉 구약 전체를 사로잡은 우상숭배와 그로 인한 이스라엘 민족의
멸망은 민중에 대한 통제적 장악력을 높이는 과정에서 진행된 지배
논리였던 것이다.

구약성서가 말하는 모성

구약학자 앙드레 라콕(Andre LaCocque)에 의하면, 이스라엘의 야
훼 종교(Yahwism)는 수 세기 동안 아세라(Asherah), 아낫(Anath),
혹은 이슈타르 아슈타르테(Ishtar-Astarte)를 향한 여신숭배를 철폐
하고자 노력했다. 당시 이스라엘은 중동의 주변 국가들처럼 가부장
제 사회였고 가나안의 사회구조와 매우 유사했다. 그런데 다른 국가
들과 달리 여신을 배척했고 유독 여신숭배에 가혹했다.

무엇이 이스라엘 민족에게 이런 선택을 하게 했을까? 구약성서에
서 여성의 가장 중요한 역할은 당연히 아들을 출산하는 일이다. 그
리고 그 아들이 훌륭한 인물일수록 그런 아들을 낳은 여성은 어머
니로서의 가치가 높아져 존경받을 만한 여성의 반열에 오르게 된다.

사라와 레베카는 아브라함과 이삭이라는 남편의 유명세로 아내
의 지위를, 삼손의 어머니와 한나는 삼손과 사무엘이라는 아들의 유

명세로 어머니의 지위를 얻었다. 그리고 이들 네 명의 여성은 임신하지 못하는 몸이었는데, 하느님의 권능으로 태를 열어 아들을 낳았다는 공통점이 있다. 그러나 이 중 한나만이 본인의 간절함으로 아들을 낳았다는 데 그 차이가 존재한다. 그래서 한나는 자신의 목소리를 가진 개성적인 인물로 부각된다.

이처럼 구약에서 여성이 한 사람의 인격체로서 정체성을 가지려면, 아들의 운명에 영향을 미칠 수 있어야 한다. 다만 한나의 경우에서 보듯이 어머니로서의 지위는 양육이 아니라 출산을 기반으로 그 중요도가 정해지는 것이다. 따라서 구약의 모성이란 양육의 책임보다는 출산하는 모체의 역할을 가리킨다. 양육은 돌봄 외에도 지식이나 지혜를 전수하는 교육의 개념이 포함된 능동적인 행동이다. 반면 출산은 임신부터 해산까지 대단히 수동적인 행위일 수밖에 없다. 더욱이 이조차도 구약에서는 신의 선택과 결정에 의해 전개되므로 여성은 자율의지를 가진 인간이라고 보기 어렵다.

이는 우리 조선 시대 여성들도 아들을 낳아야만 집안에서 인정받았던 것을 떠올리면 쉽게 이해된다. 즉 아들의 출생이 어머니의 정체성 전부를 규정하는 것이다. 그래서 아들의 출세가 곧 어머니의 인격이다. 그런데 여기서 함정은 모성에 대한 오해다.

구약에서 모성이란 자식을 잘 키우는 현명한 어머니가 아니다. 왜냐면 아들을 낳는 것으로 어머니의 모든 역할이 끝나기 때문이다.

어머니는 아들을 건강하게 낳아 신께 바치면 충분히 자기 의무를 다한 것이다. 그리고 여성은 교육에 간여할 수 없으므로 자식 교육은 아버지의 몫이었다.

고대 유대 여성의 지위와 순결 문제

고대 유대 여성들은 남편이 없으면 불쌍한 존재, 성서에서 흔하게 등장하는 표현인 가난한 과부처럼 과부 앞에 보통 '가난한'이란 수식어가 붙는다. 그만큼 남편에게 의존적인 존재로서 남편을 섬겨야 하는 것이 여성의 운명이었다. 이런 정언명령 '도둑질하면 안 돼', '원래 그런 거야' 같은 선험적 도덕률은 그 자체가 선이기 때문에 당위적이고 절대적이라 반론을 허락지 않는다.

여성은 남성보다 하등하기 때문에 공적인 교육의 기회에서 배제되었다. 여성의 지적 수준으로는 진지함을 요구하는 공부를 할 수 없으며 유대교 경전인 토라의 요구도 수행할 수 없다고 봤다. 그래서 종교 의례에서도 여성은 제외되었다. 다만 손재주를 인정받은 여성들은 자주실, 자홍실, 다홍실, 아마실을 손수 자아서 주님께 예물로 바쳤다.

율법에 따라 공적으로 학교가 설립된 뒤에도 공식 학교의 토대가 된 가정교육에서조차 딸들을 위한 교육 프로그램은 마련되지 않았다. 왜냐면 유대인 여성의 가치는 자녀 양육보다는 자녀 출산에 있었기 때문이다.

그렇다면 이런 남성 중심의 가부장제가 이스라엘만의 특징이었을까? 당연히 그렇지 않다. 고대 근동 지역은 가부장제 남성 중심의 문화가 일반적인 현상이었다. 다만 유대 여성들의 지위가 상대적으로 더 낮았다는 게 차이라면 차이다.

여성과 관련된 이스라엘 법과 함무라비법을 비교해보면 그 차이를 확연히 알 수 있다. 이는 여성의 순결과 정조에 대한 율법이 신명기 이후 강화된 측면과 관련 있다.

고대 여성의 인권 문제를 오늘날과 비교하는 것은 적절하지 않다. 오늘날에도 여전히 성평등 문제는 민감하고 접근하기 복잡한 사회 이슈이며, 어쨌든 고대에 비하면 현대 여성들의 인권이 현격히 향상된 상태이기 때문이다. 그러나 문제는 아직도 일부 신앙인들에게 혼전순결, 정절, 순종적인 태도 등 수동성이 곧 여성성으로 통용되었다는 것이다.

이스라엘 법	대상	함무라비법
둘 다 사형	유부녀와 간음	둘 다 사형 (또는) 남편이 아내를 용서하면 왕도 용서
남자만 사형	강제적인 강간	남자만 사형
이혼증서 주고 처의 집으로 돌려보냄	병든 처와 이혼	다른 여자와의 혼인이 가능하나, 아픈 처를 돌봐주고 대화도 해야 함. 단, 처가 별거를 원하면 혼인 지참금을 내주고 보내줌
상속 재산을 받은 딸은 아버지 지파의 씨족 사람하고만 결혼 가능	상속	남편의 도장이 찍힌 재산 증명서를 아내에게 남기면, 남편 사후 아들은 어머니에게 상속권을 주장할 수 없음
아버지의 부인을 아내로 맞을 수 없음	근친상간	부녀간은 도시추방, 부친 사후 모자간은 둘 다 화형, 계모와 동침 시 가문에서 제해짐
신전 창녀 금지	여사제	전남편에게 양육권 양육비 지원 받고, 살아 있는 동안 아버지의 재산도 상속받음

고대 근동의 전범이 되는 함무라비 법전과 이스라엘의 신명기를 비교해보면, 바빌로니아 여성이 이스라엘 여성에 비해 인권을 보장받았으며 순결보다는 생존의 문제를 우선시했음을 알 수 있다. 따라서 이스라엘이 가나안 땅에서 중앙집권을 이루는 과정에서 여성에 대한 성적 통제가 보다 강화되었을 것으로 추정된다. 푸코 말대로 성적 통제만큼 개인의 자율성을 억압하는 기제도 없으니까.

오 마이 갓 오 마이 로드

성폭행 목사 vs 다윗

성폭행 목사들이 연일 시끄럽게 검색어를 장식한다. 물론 이런 문제가 개신교에만 국한된 것은 아니다. 성 문제는 항상 권력의 문제이므로 권력의 크기만큼 성적 문란에 대해서도 특혜를 받아왔다고 하겠다. 따라서 종교권력이 절대적인 교단일수록 성 문제도 더 폭력적이다.

그런데 기독교에서는 권력자의 성 문제가 터질 때마다 자주 인용하는 인물이 하나 있다. 바로 이스라엘 민족의 영웅인 다윗이다. 역사가 승자의 기록인 만큼 성서 역시 왕조시대는 승자의 기록이다. 특히나 다윗은 이스라엘 역사에서 최고의 부흥기를 선사했으므로, 이스라엘 민족의 입장에서 보면 몹시 귀하고 엄청 소중한 인물이다.

이스라엘은 종교권력이 세속권력으로 이양되는 과정에서 마지막 판관(사사)인 사무엘이 초대 왕 사울에서 2대 왕 다윗으로 노선을 갈아탄다. 사울에서 다윗으로 왕권이 옮겨가는 과정에서 치열한 권력투쟁이 있었고, 다윗과 밧세바의 아들인 솔로몬 이후 결국 이스라엘은 북이스라엘과 남유대로 갈라지고 만다.

여기서 왕권 계승의 정당성 여부는 논외로 하고, 바로 그 다윗이 우리야의 아내인 밧세바를 취하기 위해 자신의 충직한 부하인 우리야를 일부러 위험한 전장으로 보내서 죽게 한 사건에 주목해보라. 이후 밧세바 사이에서 낳은 첫 아이의 죽음과 다윗의 회개로 성서는 우리야 사건을 정리해버린다. 왜? 역사는 승자의 기록이니까.

그런데 문제는 다윗의 권력 남용과 주군을 신뢰했던 충복에 대한 배신행위를, 다윗 같은 위대한 왕도 실수하잖아, 회개하고 하느님의 용서를 받으니 더 위대한 왕이 되었어, 이렇게 아전인수 격으로 해석한다는 것이다. 더구나 첫아이의 죽음이란 징벌과 처절한 회개도 생략한 채.

더 기묘한 것은 도대체 지금이 왕권 시대도 아닌데 어떻게 목사의 권위가 왕보다도 막강해졌는지, 우리 사회의 무엇이 이런 목사들을 양산하는 것인지 하는 문제다. 우주 최강 하느님의 권세를 대리하는 목사님이니 그런 목사 말만 따르면 부자도 되고 건강도 보장받는다는 욕망 때문인 걸까? 교회가 아니면 도무지 우리 사회 어디서도 희망을 주지 않기 때문인 걸까?

그러나 이스라엘이 망할 때 이스라엘 백성들도 죄 없다 하지 않왔다. 다윗 왕의 권세를 잊지 못하는 이스라엘 백성들이 예수를 죽였다. 왜? 예수는 세속의 권력자가 아니었으므로. 왕을 고대한 백성들에게 예수는 보잘것없고 비루했다. 역사는 반복된다고 하지만 이제 우리는 노예도 백성도 아니지 않은가. 그러니 자꾸 '가짜왕'을 만들어 그 뒤에 숨는 행위는 하지 말자. 그것은 적어도 민주 시민으로서 할 짓이 아니기 때문이다.

금욕과 신앙의 관계

금욕은 신앙의 전제 조건인가? 그렇다면 성욕과 식욕이 인간에게 죄인가? 결혼하지 않으면 성스럽고 고기 먹지 않으면 성스럽고 술과 담배를 하지 않으면 성스러운가? 그럴 리 없다. 목사님은 결혼하고 가정을 꾸리며, 신부님과 수녀님은 술과 고기를 먹고, 스님들도 술을 마시지 않는가. 담배야 뭐 기호식품이니 개인 취향인 거고.

내가 선택한 교단이니 그 교단에서 원하는 규율을 지키겠다고 서약하는 건 당연한 일이다. 로마에 가면 로마법을 따르라. 그것이 내가 안전하게 보호받는 길이기도 하다. 집단에 귀속한 사람이 집단과의 약속을 지키는 건 구성원의 의무 아닌가. 그러나 성직자든 수도자든 그들이 자신의 이름으로 세상에 나가 홀로 서겠다면 그것 또한 개인의 선택 영역이다.

인간이니까, 욕구나 욕망에 휘둘리는 게 보통의 인간이니까 그래서 욕망의 통제와 절제가 속물적이지 않고 성스럽게 보이는 것은 인지상정이다. 그러나 금욕 자체가 곧 신앙심을 표현하는 행위는 아니다. 부처님은 당대 수도자의 관행대로 오랜 시간 고행하시다가 문득 '이건 아니구나,' 깨닫고는 고행을 그만두셨다. 예수님은 틈만 나면 트집잡기 위해 따라다니는 반대 세력들에게 세례자 요한처럼 절식과 금식을 하지 않는다는 이유로 비난을 샀다.

금욕으로 내 생각과 말과 행동이 더 정갈해지고 엄격한 규율을 지킴으로써 내 신앙이 더 두터워진다면 금욕하면 된다. 그러나 그게 아니라면 금욕이 무슨 소용이 있는가? 금욕 자체는 좋을 것도 나쁠 것도 선도 악도 아닌 것을. 그런 이치를 뻔히 아는 성직자가 신자들 앞에서는 금욕하고 뒤에서는 아니라 한들 그것이 그들만의 문제일까? 신자들의 고정관념, 대중의 인기로 먹고살잖아, 하면서 과도하게 연예인의 사생활을 간섭하는 광팬처럼 가짜왕을 만들어 세우려는 습성을 버려야 한다.

초대 교회는 성욕의 절제를 기독교인과 이교도를 구분하는 상징으로 내세웠다. 이런 역사적 사실은 초기 기독교인들이 성스러움에 대한 열망이 있었다고 추론하게 한다. 하지만 그보다는 당시 기독교인들이 처한 암울하고 비참한 상황에서, 금욕은 그들 자신의 존엄을 지키는 자구책이기도 했을 것이다.

오늘날 잘 먹고 잘살며 인권도 발달한 나라일수록 제도종교의 속박이 약하다. 반면 불합리한 사회구조에서 부패와 부조리가 팽배한 나라일수록 종교적 속박이 강하다. 그런 나라에서는 대체로 종교가 사람들을 무지와 폭력으로 억압하는 데 앞장선다. 이른바 선교라는 게 먹고살 만한 나라에서 먹고살기 힘든 나라로 진행되는 것만 봐도 고통받는 사람들의 피땀 위에 종교가 서 있음을 알 수 있다.

오 마이 갓 오 마이 로드

동성애 박해의 교회법 역사

교회가 동성애를 반대하는 것은 타당할까? 동성애에 대한 처벌이 처음 입법된 때는 콘스탄티우스 2세 치하인 342년이었다. 313년 밀라노 칙령으로 로마 제국에서 기독교가 허용된 지 29년 만이다. 그러나 이 법은 수동적 위치의 동성애자만을 처벌하는 법이었으므로 기독교 교리와는 큰 관계가 없었다. 그보다는 성인 남성의 수동적 성교를 비하하던 그리스적 사고의 형법화로 이해할 수 있다. 인격체인 남성을 성교 수단으로 삼는 것을 금했던 법이므로 휴머니즘에 기인한 것이라 하겠다.

이후 기독교를 로마의 국교로 선포한 테오도시우스 1세가 동성애를 공식적으로 규탄했다. 538년 유스티니아누스 1세 때 자연에 반하는 행위로 신을 모독하는 자는 고문한 뒤 화형에 처하도록 규정하면서 계간죄, 소도미 개념이 탄생했다. 이때부터 동성애는 교회법으로 처벌하는 죄악의 일종이 되었다.

자연에 반하는 행위는 신을 모독하는 것이다. 그럼 자연에 합당한 성교는 뭘까? 그건 오로지 자녀를 낳기 위한 행위에 한정한다. 성(性)의 본래 목적은 처음부터 끝까지 오직 하나, 종족 보존일 뿐이다. 따라서 동성애 말고도 자위행위나 피임처럼 종족 보존과 무관한 것은 모두 탐욕적인 성행위 내지는 이교도의 우상숭배라 해서 성경의 계율을 어긴 범죄로 보았다. 이런 교회법의 흔적이 현재 가톨릭 신자가 80% 이상인 필리핀에는 피임 금지법과 같은 형태로 남아 있다. 우리나라도 낙태 반대를 교회가 나서서 주도하므로 여전히 중세 교회법의 영향을 받는 셈이다.

이렇게 자연성에 윤리적 기원을 두는 인식에 대해 신약학자 리처드 헤이스(Richard B. Hays)는 "동성애 행위를 '자연에 어긋나는' 것으로 규정하는 이러한 범주화는 '자연'에 대한 철학적 호소와 모세의 율법에 대한 가르침 사이의 상호 일치를 찾으려는 경향을 지닌 헬라주의 유대인 저자들이 열정적으로 사용했다"(『신약의 윤리적 비전』, IVP, 2002)라고 분석한다. 그러니까 로마 지배하의 유대인들은 당시 주류문화였던 그리스 철학의 영향을 받아 이를 성서해석에 활용했다는 뜻이다.

이에 해당하는 유대인 저자인 요세푸스(Flavius Josephus)는 다음과 같이 기록했다.

오 마이 갓 오 마이 로드

유대인의 율법에 보면 한 남편과 그의 아내가 자연적으로 결합하는 성 관계 이외의 어떠한 성적 결합도 인정하지 않고 있습니다. 그리고 이 같은 결혼은 아이를 출산하는 것이 유일한 목적입니다. 또한 남자 간의 동성애를 매우 증오하고 있습니다. 만일 어떤 사람이 동성애를 하면 벌로 사형을 당합니다.

정리하면 종족 보존을 방해하는 성행위는 자연에 반하는 행위이므로 신을 모독하는 일이다. 따라서 동성애는 범죄다. 그러니 교회가 이런 전통을 계속 지키려면 동성애만이 아니라 출산 곧 종족 보존과 관계없는 모든 성행위를 금해야 한다. 그러면 적어도 일관성은 있다.

동성애 관련 구약성서 구절

축자영감설, 성서의 글자는 모두 하느님의 영감으로 기록되었다. 그러니 성경무오설, 성서에는 오류가 없다는 기독교 근본주의자를 지지하지 않더라도 그런 논쟁과는 별개로 교회에서 성서의 권위에 도전할 수 있는 대체물은 없다. 그런 의미에서 동성애 반대의 근거로 사용되는 성서 구절을 보자.

먼저 창세기 19장 1-29절, 이 부분이 그 유명한 소돔과 고모라의 집단 성폭행 모의가 이루어지는 장면이다. 그런데 놀랍게도 '소도미'가 나오게 된 출처의 구절임에도, 동성애에 대한 직접적인 언급이 없다. 더구나 이런 파렴치한 행동으로 인해 그들이 받은 벌이 너무 가볍다. 눈이 부셔 문을 찾지 못할 정도의 벌은 이미 그들에게 정해진 운명, 즉 도시와 함께 도시민이 모두 불에 타 죽는 심판이 예정되어 있음을 상기하면 의미를 새로 부여할 만한 비중도 아니다. 다시 말해 롯의 집에 몰려왔던 집단 성폭행 기도자들은 그들이 이런 일을 벌이지 않았어도 죽음이 예정되어 있었다는 것이다.

따라서 소돔의 멸망이 동성애로 인한 것이란 주장은 성서에서 근거를 찾기 어렵다. 그러므로 '소도미'의 근거로 이 부분이 이용된 것은 성경의 권위를 교회법에 차용하기 위해 확대해석한 사례다. 물론 그렇다고 해서 소돔 시민들의 동성애 행위가 멸망의 죄가 아니라고 단언할 수도 없다. 그에 대한 설명 역시 성서에는 나와 있지 않기 때문이다. 다만 소돔성 멸망의 이유에 대해 에스겔(에제키엘) 16장 49-50절에서 다음처럼 기록할 뿐이다.

네 아우 소돔의 죄가 무엇인지 아느냐? 거만을 떨고 실컷 먹고 마시며 태평세월을 즐기면서 천하고 가난한 자들의 손을 붙잡아 주지 않은 것이 바로 소돔과 그 딸들의 죄였다. 거만을 떨며 내 눈에 역겨운 짓들을 하기에 내가 물리쳐 지금 네가 보는 대로 없애버린 것이다.

그러니까 소돔의 죄는 '거만'과 '극심한 빈부격차'라는 것이다. 그리고 이어서 이를 '역겨운 짓'이라고 설명한다. 즉 부자가 빈자를 외면하는 사회가 윤리적으로 가장 타락한 사회라고 할 수 있다. 그러니 창세기 19장의 소돔성 이야기에서 멸망의 죄가 문란한 성, 특히 동성애라고 보는 것은 해석상의 비약을 의도해야 한다. 더욱이 에스겔(에제키엘) 16장에 "나는 소돔과 그의 딸들을 전처럼 잘살게 해주리라"라는 구절이 이어짐으로써 소돔이 버림받고 그대로 끝난 도시가 아니었음을 시사한다.

그렇다면 동성애 금지를 직접 명시적으로 언급한 구절은 없는가? 있다! 레위기에 두 군데(레위 18,22; 20,13) 나와 있는데 여기서 주목할 점은 남자 간의 성교만을 금했다는 것이다. 그럼 여자 간은 괜찮아? 그런 건가? 왜냐면 성서에 나와 있지 않으니까.

여기에 함정이 있다. 남성 간의 성교 문제는 그 당시 남창이 사회에 만연한 현상이었기 때문이다. 열왕기상을 보면 유대왕국 1대 왕 때 우글거렸던 남창을 3, 4대 왕 통치 기간에 걸쳐서 근절할 것을 계획한다. 그런데 얼마나 남창 근절이 안 되는지 이들 재임 기간만 합쳐도 대략 80년이 넘는 시간인데 왕마다 남창 근절을 목표로 삼는다.

그래서 여호사밧 때 남창이 완전히 근절됐는지는 알 수 없으나 적어도 남창이라는 성문화가 유대왕국 전국에 퍼져 있었으며 주변 국들에는 더 흔한 일임을 알 수 있다. 요컨대 구약에서의 동성애 금지 구절은 동성 간의 애정 문제가 아니라 남성과 남성 간의 성행위, 즉 남창 문화의 근절을 위한 노력이었다고 하겠다.

오마이 갓 오 마이 로드

동성애 관련 신약성서 구절

그렇다면 신약에서는 동성애를 어떻게 규정하는가? 구약의 율법은 신약이 성립됨으로써 폐해졌다고 믿는 입장을 굳이 열거하지 않더라도 기독교 윤리의 근간이 되는 신약이 구약보다 오늘날 기독교인들에게 공동체 준거의 역할에서 우위일 수밖에 없다.

그런데 여기서 흥미로운 점 하나, 기독교인이 소중히 여기는 4복음서에는 동성애 관련 구절이 없다. 그럼 어디에? 이방인 전도의 선구자였던 바울(바오로)의 서신에만 동성애 금지 구절이 있다.

> 음란한 자나 우상을 숭배하는 자나 간음하는 자나 여색을 탐하는 자나 남색하는 자나 도둑질하는 자나 탐욕을 부리는 자나 술주정꾼이나 비방하는 자나 약탈하는 자들은 하느님의 나라를 차지하지 못합니다.
> — 고린도전서(1코린) 6장 9-10절

음행하는 자와 남색하는 자, 인신매매하는 자와 거짓말을 하는 자, 위증하는 자와 그밖에 건전한 교설에 어긋나는 것을 하는 자들을 다스리기 위해서 율법이 있는 것입니다.

— 디모데전서(1티모) 1장 10절

인간이 이렇게 타락했기 때문에 하느님께서는 그들이 부끄러운 욕정에 빠지는 것을 그대로 내버려 두셨습니다. 여자들은 정상적인 성행위 대신 비정상적인 것을 즐기며, 남자들 역시 여자와의 정상적인 성관계를 버리고 남자끼리 정욕의 불길을 태우면서 서로 어울려서 망측한 것을 합니다. 이렇게 그들은 스스로 그 잘못에 대한 응분의 벌을 받고 있습니다.

— 로마서 1장 26-27절

그렇다! 바울은 남색을 경고한다. 왜? 정상적이지 않으니까. 그럼 정상적인 성행위는 뭔데? 남자와 여자가 성관계를 갖는 것이다. 그래서 오늘날까지 교회는 동성애 금지의 명분으로 이 구절들을 근거로 삼는다.

그런데 이 구절들이 진짜 명확하게 동성애 개념을 규정하는가? 그게 그렇지 않다 보니 계속해서 논란의 불씨가 되고 있다. 그래서 동성애 지지자들은 성서가 동성애적 성향이나 동성애자를 죄악시한 것이 아니라, 상대를 비인격적으로 학대하는 폭력적인 성관계를

오 마이 갓 오 마이 로드

죄악시한 것이라고 주장한다.

그리고 이러한 주장의 근거로 1세기 무렵의 그리스-로마 문화권에서 동성 간의 섹스는 불법이 아니었으며, 동성 간의 섹스 시 수동적인 남성만을 죄악시했음에 주목한다. 이는 사람을 도구화하는 것에 대한 반윤리성을 지적한 것이다. 물론 이러한 입장도 자료에 대한 해석의 문제다.

다만 로마서에서는 처음으로 남성 동성애 외에 여성 동성애도 언급되었다는 점이 새롭다. 이 구절이 유일하게 성서 전체에서 여성 동성애를 금하는 구절인데, 이 역시 표현이 모호하다. 무엇이 비정상인가? 일상적이지 않은 것, 사회 통념을 깨는 모든 것이 비정상 아닌가.

한편 성공회 사제 존 스토트(John Stott)는 바울이 '역리적 성향', 동성애 성향을 가진 사람과 '역리적 행위', 이성애 성향을 가지고 있으면서도 동성애 행위에 탐닉하는 사람을 구분하지 못한다고 설명한다. 그래서 바울이 정죄하는 것은 무모하고 뻔뻔하며 방탕하고 난잡한 성관계이지, 서로 헌신하고 사랑하는 동성애 성향을 가진 사람들끼리의 성관계가 아니라고 역설한다. 그러나 이 역시 해석의 문제로 남는다. 어쨌든 해석은 개연성, 그럴듯해서 설득력 있는 그런 문제일 뿐이다.

동성애 반대가 신앙 영역?

한국교회는 동성애 문제에 왜 이리 뜨거울까? 지역별 퀴어 축제마다 떼로 몰려와서 반대 집회를 하는데, 대체 그들은 왜 이러는 걸까? 일부 보수 개신교 신자들에 국한된 사례이지만, 그들의 행동이 상징적으로 보이는 탓에 소수의 일탈로 치부하기엔 꽤 다양한 생각거리를 던진다.

일단 동성애 문제를 성서에 기반을 두고 신학적으로 논의하는 것은 대단히 위험하고 매우 어렵다는 것이다. 왜냐면 성문화가 구약시대 다르고 신약시대 달라서 같이 놓고 정리도 잘 안 될뿐더러 그 구절들이 모호해 해석상 합의가 힘들기 때문이다. 그러니 이를 신학적 견해로 해결하는 것은 무리다.

그럼 교회의 사회적 역할로 봐야 할까? 동성애자에게 연민을 가진 사람들이 교회 입장으로 선택할 수 있는 최선의 논리를 정리하

오 마이 갓 오 마이 로드

면 이렇다. 하나, 동성애적 성향은 개인의 기질 문제이므로 이것을 문제 삼아서는 안 된다. 둘, 성서가 금하는 동성 간의 성행위를 교회법으로 수용할 수는 없으나 이들에 대한 차별을 교회가 해서는 안 된다. 셋, 육체에 대한 욕망을 절제할 줄 아는 미덕은 동성애자들만의 문제가 아니다. 이 정도로 요약된다.

그런데 과연 이렇게 원론적인 입장이 교인들에게 먹힐까? 특히 문제가 되는 보수 개신교는 항상 외부의 적이 필요했다. 더구나 최근 빨갱이에 대한 두려움과 혐오가 옅어지는 사회 분위기 탓에 이를 대신할 강력한 사탄이 필요해졌다. 이슬람은 충분히 혐오 정서에 적합한 상대이긴 하나 문제는 아직 우리 사회에서 그들의 영향력이 미비하다는 것이다. 그렇게 새로운 혐오대상을 물색하던 차에 딱 걸린 게 동성애자다. 마침 우리 사회는 이들을 불편하게 여기는 정서가 더 대중적이고 일반적이다.

그래서일까? 동성애 혐오자와 동성애 지지자 사이의 간극이 너무 크다. 교회가 아무리 양팔을 넓게 벌려도 이 두 극단의 손을 동시에 잡을 수 없는 것이 현실이다. 이슬람 근본주의와 기독교 근본주의가 화해할 수 없는 배경에 역사적 골이 있듯, 모든 이념 싸움에는 현실적 이해관계가 전제되어 있다. 동성애 문제 역시 드러난 담론이 숨기고 있는 각각의 사연을 담아내는 데 교회라는 그릇은 턱없이 부족하다.

이런 현실에서 담론을 걸러내는 필터로서 권력 작용을 정치하게 드러내고자 했던 사람이 푸코였다. 동성애자인 그가 평생 학문적 과업으로 삼은 연구 업적을 동성애를 대하는 교회의 입장에 대입시킨다면 단지 성서 구절로 사회 윤리를 논하는 게 불가능함을 깨닫는다. 달리 말해 종교가 세속권력과 엉켜 있는 한 사회적이고 역사적인 배경에서 절대 자유로울 수 없다는 것이다.

지금껏 욕망의 극대화를 권장하면서 부흥해온 한국 기독교계가 새삼 금욕과 절제의 미덕을 성서에 근간해서 주장했을 때, 그로 인해 발생하는 기독교인들에 대한 반감이 기독교 교리의 문제로 돌아갈 수 있다는 사실을 간과해서는 안 된다. 이는 건전한 공론의 장을 해치고 갈등과 대립을 부추기는 결과를 낳을 것이다.

그래서 다시 처음의 문제의식으로 돌아가보자. 교회 공동체는 동성애에 대해 반드시 명백한 입장을 가져야 하는가? 헌신적인 이성 간의 사랑이 가장 바람직하겠으나, 우리 인생에서는 최선의 경우만 존재하지 않는다. 개인의 자율의지가 존중되는 현대사회에서 헌신 없는 이성 간의 사랑이 헌신적인 동성 간의 사랑보다 더 윤리적이라고 단언할 수 있나?

한편 욕망을 생산해서 상품으로 가공하는 자본주의 사회에서 교회는 사회의 어느 계층과 연대할 것인가 하는 문제에 직면해 있다. 규모가 크고 복잡한 사회일수록 공동체 구성원 모두의 욕망을 충족할 순 없는 것이다. 그런데 만약 동성애자들이 아직 사회적 약자라서 외면한다면, 그것이야말로 종교가 그리고 신앙인이 할 짓이 아니라고 하겠다.

기 베슈텔, 신의 네 여자

역사학자이자 반교권주의자였던 기 베슈텔(Guy Bechtel)의 『신의 네 여자』(여성신문사, 2004)는 인류의 슬픈 상처이고 잔인한 흉터를 추적해간다. 종교가 여성을 핍박하고 억압해서가 아니라 왜 인간은 약자를 혐오하지 않고는 살아가지 못하는지, 이런 가학적인 메커니즘에서 언제쯤 벗어날 수 있는지, 우리 안에 있는 악의 씨앗은 사회 구조가 개선되면 진짜 휘발되기는 하는지, 아무래도 출구가 없어 보이기 때문이다.

인간사회는, 적어도 역사 시대 이후의 기록만으로 보면 날마다 지옥의 연속이었다. 성서만 해도 그렇다. 창세기부터 계시록(묵시록)까지 일관되게 아비규환의 기록이다. 성서를 꾹꾹 눌러 짜서 한마디만 남긴다면 그건 고통의 외마디 비명이다. 하다못해 새 하늘 새 땅이 건설되는 소망의 세계가 도래할 때도 악당들의 비명을 먼저 들어야 한다. 그런데 악당들도 인간이란 불편한 진실, 즉 만인이 평등하다고 해도 모든 인간이 구원의 대상은 언제나 아니었다.

베슈텔은 기독교 역사에서 여자란 열등한 존재였다고 말한다. 그래서 창녀, 마녀, 성녀, 바보, 이렇게 네 종류로 여자를 설명한다. 음란하거나 사악하거나 모성 넘치는 시녀이거나 멍청하거나, 그냥 보통의 인간이 여성에게는 없다. 취향과 감성이 개인마다 다른, 그래서 욕망도 다양한 그런 여자 인간이 존재하지 않는다. 그러니까 남성에게 여자란 살아 있는 실존적 존재가 아닌, 그저 이미지로 기호화된 상징물에 불과하다.

저자의 지적처럼 기독교가 특별히 더 여자를 학대한 것은 아니다. 다른 종교들도 여자를 열등한 존재로 다루었다. 물론 저자는 기독교가 정신적인 면에서 더 교묘하게 억압했다고 하는데 이런 비교는 설득력이 없다. 사람이 물리적 고통과 신체적 학대를 당하면서 인격을 지킨다는 게 과연 가능할까? 무엇보다 신체적 학대를 당하지 않는 것이 인권의 기본이다. 그런 점에서 기독교가 최악의 종교는 아닐 수 있다.

여성은 고대부터 현대까지 쭉 학대받아왔다? 이럴 수가! 그런 말을 하고 싶은 것이 아니다. 여성이 열등한 취급을 받은 게 진짜 종교 때문일까? 율법이 그렇다니까, 교리가 그렇다니까? 그래서 여성이 남성에 비해 불리한 삶을 살게 된 것일까? 그럴 리 없다.

약육강식의 세렝게티 초원에서 여성 위에 남성이 있었을 뿐 남성 위에 여성이 있었다면, 여성 역시 남성을 열등한 존재로 취급했을 것이다. 다만 인간이 동물과 다른 점이 있다면 암사자는 수사자의 권위에 도전하지 않고 수사자는 더 힘센 수사자에게 굴복하는데, 인간만이 오직 인간만이, 모든 인간이 다 그런 건 아니지만 그래도 인간 중 일부가 이런 생태계 질서에 의심을 품는다.

그리고 이렇게 의심 많은 사람 중 특별한 이가 새로운 질서를 제시한다. 그런데 이것이 종교라는 이름으로 다수에게 넘겨지면 다시 세렝게티의 규칙으로 바뀐다. 왜냐면 인류의 다수는 약육강식의 문법만을 익혔기 때문에 그 어떤 신앙의 논리도 곧바로 적자생존의 교리로 치환되는 것이다.

마녀를 심판하는 망치

『마녀를 심판하는 망치』(야콥 슈프랭거-하인리히 크라머, 써네스트, 2016)는 15세기의 인식력과 과학 수준을 감안하고 봐도 마녀라는 대상에 대한 적의가 노골적으로 느껴지는, 그러면서도 마치 객관성을 검증받은 양 기술된, 그래서 의도적으로 의뭉스럽게 사실을 날조하는 악질적인 저서다. 왜 그런 생각이 드는 걸까?

그것은 이 이야기가 과거로 끝난 유물 같은 게 아니기 때문이다. 그래서 오늘날의 우리가 봐도, 대명천지라고 할 만한 21세기를 살면서도 이 논리가 낯설지 않아서 절망적이다. 우리 사회만 해도 빨갱이, 종북좌빨 같은 마녀와 동일한 작동방식을 가진 용어들이 있다. 그리고 사회 구석구석에 왕따 현상이 있고, 지역별 성별 비하 용어들이 인종주의 자리를 대신 차지하고 있다. 여기에 더해 갑질 사건과 여성 혐오, 남성 혐오 사건들이 줄줄이 급증하는 중이다.

무엇이 사람들을 이렇게 극단적으로 몰아대는가. 이것을 기득권 세력의 지배력 강화 및 유지를 위한 정책에 의한 것이라고 그렇게 고전적으로 일관되게 논의를 끝낼 수 있을까? 그러기엔 오늘날의 대중이 지나치게 많은 정보에 노출되어 있다. 정보 생산의 독점과 정보 유통의 통제가 과거처럼 일사불란할 수 없는 현실에서 일베, 어버이연합, 엄마부대 등이 존재한다.

혐오나 증오도 생존의 동력이 되기 때문일까? 자신도 약자면서, 아니 자신이 약자라는 걸 너무 잘 알아서 약육강식에 순종하지 못하는 인간을 보면 화가 나는지도. 왜냐? 나는 약자여서 철저히 강자에게 고개를 숙이는데 감히 너 따위가 평등 운운하니까. 이것을 노예근성이라고 간단히 말하기엔 인간의 정서란 게 쓸데없이 복잡하다.

슬로베니아의 철학자 슬라보예 지젝(Slavoj Zizek)은 내가 손해를 보더라도 남이 이익을 보는 것을 참지 못하는 질투심이 평등주의를 주장하게 만든다고 했다. 그래서 이기주의보다 나쁜 게 질투심이라고 했는데, 이는 추가설명이 필요한 말이다. 질투심은 나보다 못하거나 나와 비슷하다고 생각했던 사람이 나보다 잘나갈 때 생기는 상실감에 대한 보상심리다. 반면 노예는 주인의 지위가 곧 자신의 위치라고 생각하기에 주인에게는 절대 질투심을 느끼지 않는다. 오직 충성과 복종만이 미덕일 뿐이다. 아마도 지젝은 노예근성을 가진 사람들을 주변에서 그다지 못 본 모양이다.

오마이갓오마이로드

태극기집회의 분노 탱천한 결기 속에는 왕후장상의 씨가 따로 있음을 인정하라는 행간의 외침이 숨어 있다. 왕후장상의 씨가 아닌 것들이 왕후장상 앞에서 주눅 들지 않고 사는 꼴을 차마 눈 뜨고 볼 수 없는 것이다. 이런 봉건적 사고를 이용하는 한국의 극우 개신교는 언제쯤 죄의식을 갖게 될까? 과연 개신교의 자정 능력이 시기를 놓치지 않고 기능할 것인지 지켜볼 일이다.

마녀사냥의 새 버전, 미투에서 펜스룰로

연일 터지는 유명 인사들의 성추행 파문에 이제 미투 운동은 펜스룰이란 여혐으로 번지기 시작했다. 안타깝게도 가해자 중 자살자도 나왔다. 마치 중세의 마녀사냥을 재현할 기세다. 오래되어 익숙한 관행을 두고 사실 그건 악습이었어, 그동안은 권력이 무서워서 말 못 했는데 이제 해도 되는 세상인 것 같으니 말할게, 하고 패러다임이 뒤집히는 순간 사람들은 당황하기 마련이다. 다수가 손가락질하기 전에는 뭐가 나쁜 줄도 모르는 게 우리 인간들이니까.

죄만큼만 벌 받는 게 공정한 거다. 남자든 여자든 누구든 죄 이상의 벌을 받는 건 억울한 일이다. 억울한 사람을 줄여보자고, 역사는 그렇게 흘러왔다고 믿지 않은가? 믿음이란 그런 거다. 나도 세상도 더 나아지고, 결국은 선이 악을 이기리라고 기대한다. 그런데 그간 참았던 분노를 증오나 혐오로 표출하면 역사는 되풀이된다. 그거야말로 지옥의 유황불을 소환하는 일이다. 그러니 우리 권력 앞에 비굴했던 과거를 당연시하지 말자. 먹고살기 위해서 참았다고 하면 그게 뭐든 그냥 면죄부가 되는가? 거짓말 마라. 좀 더 편하게 먹고 살려고, 노력한 것보다 더 큰 보상을 받으려고 권력 앞에 젖은 낙엽처럼 엎드렸던 거 아니냐.

정당하게 경쟁하는 건 힘든 일이다. 그래서 금수저, 흙수저, 헬조선이 등장했고, 삼성공화국이 법보다 위에 서게 됐고, 구석구석 불공정한 룰에 허리 나간 분노 조절 장애자들이 갑질하며 패악을 부리게 됐다. 정당한 경쟁이 힘드니까 권력 있을 때 돈 있을 때 경쟁하지 않아도 세세토록 잘 먹고 잘사는 구조를 만들고 싶다. 또는 그런 불공정한 룰에 편승해서 적은 노력으로 태산만한 권력과 돈을 흐드러지게 누리고 싶다.

그러니 이제 그만, 되지도 않는 정당한 경쟁 운운 집어치우자. 그런 판타지는 인류사에 존재한 적이 없었다. 그냥 솔직하게 나도 고단하고 너도 고단하니 쓸데없는 허세 버리자고, 우리 서로 공생하자고, 그럼 안 될까. 권력자 앞이라 말 못 한 게 자랑이냐? 그런 무지렁이 백성 같은 마인드로 좋은 위치에서 빛나게 살아보려고 하지 마라. 그것이 민폐다.

자신의 약함을 방어하기 전에 충분히 자기 자신에게 정직했는지 반문해보라. 남자든 여자든 그게 누구든 돈이나 자리 때문에 한껏

비굴해 놓고는 이제 와서 피해자 코스프레 하면 진짜 낮은 곳에서 말도 못한 채 당하고 사는 사람들은 세상이 더 나아질 거란 기대조차 못 하게 된다. 미투는 과거의 잘못을 반성하고 새로운 사회로 전진한다는 의미에서 그 의의가 있다. 그렇게라도 해서 억울한 사람들의 한을 풀어주는 것은 정의로운 일이다.

그런데 미투를 악용해 정적을 모함하고 이 틈을 타서 개인의 사리사욕을 채우려는 무리가 생겼다. 이것이 불편해 '펜스룰'이 등장한다. 사적 장소에서 여자와 단둘이 있지 않겠다는 선언으로 그건 각자 개인이 알아서 할 일이다. 이걸 마치 무슨 사회 윤리인 양 떠들며 여혐을 조장하는데 진짜 아수라판이 따로 없다.

기껏 죄인지조차 몰랐던 성폭력이 드디어 우리 사회에서 그건 죄라고 인정받는 중요한 이 시기에 여자든 남자든 권력의 단물을 빨다 밀려난 인간들은 제발 초치지 마라. 이 틈을 타 어떻게든 권력의 단물을 빨려고 덤비지 마라. 제발 너희들 그러지 마라, 벌 받는다.

미투를 이용해 상대를 악의적으로 매장하는 것도 마녀사냥이고, 펜스룰이라며 여자를 공적인 장에서 소외시키는 것도 마녀사냥이다. 둘 다 원래의 의도를 모른 척 숨긴 채 자신의 혐오 감정을 정당화시키기 때문이다.

신본주의 vs 휴머니즘 vs 페미니즘

페미니즘은 휴머니즘인가? 그러니까 여성주의는 인간주의인가 하는 의심이다. 여성주의는 남성 기득권에 대한 저항에서 출발했다. 여성도 남성이랑 똑같다. 그러니 동등한 권리를 다오. 여성의 삶에 선택권을 다오. 교육받은 여성들이 교육할 자리를 다오. 전문직 여성들이 승진할 기회를 다오 등.

그렇게 여성주의는 기득권 남성들이 이끄는 지배 질서에 반기를 들었다. 왜 좋은 자리 높은 위치엔 남자만 있는가? 그래서 페미니즘을 남녀동등권주의로 번역하기도 한다. 그러니 페미니스트들이 여성의 권리를 주장하는 것은 페미니즘 정신에 합치하는 일이다.

한편 휴머니즘은 중세 신본주의의 끝에서 인본주의로 전환되는 시점에 발생했다. 신이 직접 권력자가 될 수는 없으니 신권에서 인권으로 권력 이양이 됐다기보다는 종교권력에서 세속권력으로 권력의 주체가 이동되었다. 이 과정에서 인간 중심주의는 선택이 아닌 필연이었다. 그런데 이때 교황이든 왕이든 종교권력이든 세속권력이든 교회 사제든 지식인 집단이든 어디에도 여성은 없었다.

다시 말해 휴머니즘은 중세의 남성에서 근대의 남성으로 지배 권력이 이동하면서 등장한 이념이고, 페미니즘은 남성에게 집중된 권력을 여성과 나눌 것을 주장하면서 나온 이념이다. 따라서 공통점은 권력투쟁이란 것이고 차이점은 휴머니즘은 권력 이동, 페미니즘은 권력 배분이란 것이다.

그리고 이 모든 일련의 과정에서 소외계층은 관련이 없다는 사실, 이 점에 주목해야 부화뇌동하지 않을 수 있다. 휴머니즘의 대상이 모든 인간은 아닌 것처럼 페미니즘 역시 모든 여성을 대상으로 하지 않는다. 왜냐고? 권력 이동이든 권력 배분이든 권력은 차등을 전제로 유지되기 때문이다.

그러니 모든 사람이 평등하다는 만인 평등은 유토피아에 불과하다. 'utopia(유토피아)'는 그리스어 'ou(없다)'와 'topos(장소)'를 조합한 용어, 즉 어원 자체가 지상에 없는 세계를 지향한다는 말이다. 그렇게 어디에도 없는 장소란 이 지구상 어디에서도 실현될 수 없다는 뜻이다.

휴머니즘을 외쳤던 계몽주의는 제국주의와 궤를 같이했다. 당연히 서구 백인 남성들에게 '휴먼'이란 서구 백인 남성에 국한되는 개넘이다. 여성이나 다른 인종은 그들이 규정하는 '사람'이 아니니 존중받을 이유가 없다. 페미니즘은 그런 휴머니즘의 여성판이다. 당연히 서구 백인 여성, 그중에서도 배운 여성들이 '페미'인 것이다.

자신의 권리를 찾겠다고 자기 자리에서 목소리를 높이는 것, 누가 그것을 비난할 수 있으랴. 그러나 일부 과격한 페미니즘을 비판하는 근거로 휴머니즘을 들면서 휴머니즘이 만민평등주의라고 생각하는 거, 그건 아니라는 거다. 인간 세상은 권력을 잡고 있는 극소수의 인간과 권력에 짓밟히는 대다수의 인간만이 존재할 뿐이다. 다시 후자 중에는 그래서 권력을 잡고 싶은 대다수의 인간과 그래서 권력을 증오하는 극소수의 인간으로 나뉜다.

정리하면, 떠들썩하게 요란하게 신을 버리고 인간을 택한 그 휴머니즘의 본질은 권력의 시원을 신에게서 백인 남성으로 옮겨온 거고, 페미니즘은 그 권력의 주체인 백인 남성들이 권력을 독점하는 데 화가 난 여성들 곧 공부한 백인 여성들의 권리 주장이다. 이렇게 시작된 여성주의가 다시 역사의 물줄기에서 이러저러한 변형을 거치면서, 오늘날 우리 사회에서도 큰 관심과 반향을 일으키고 있다.

IS 여성들과 82년생 김지영과 극우교회 여인들

한국의 2019년은 확실히 여성 인권이 전면화된 해이고 이어서 2020년도 이를 이어가고 있다. 성인지감수성을 내세우면 불륜도 미투가 되고 여성의 일관된 진술만 있으면 상대 남자를 가해자로 인정해주기도 한다. 이 과정에서 남성들의 불만이 폭발한다. 그러나 여성으로 살면서 성폭행까진 아니어도 성추행이나 성희롱 같은 성폭력 한 번도 안 당해본 여성을 찾기가 힘든 게 현실인 만큼 이런 과도기도 거칠 수밖에 없는 게 아닐까 이해도 된다.

이 와중에 『82년생 김지영』이 한국뿐 아니라 일본에서도 잘 팔렸고 영국에서도 출간되었다. 평범한 여성의 삶에 대한 보편적 공감대에 성공한 것이다. '남들 다 그렇게 살아' 하고 참아보지만, 그렇게 교육받지 않은 세대라서 더 억울하고 서럽다. 남들보다 우아하고 화려한 삶을 꿈꾸라고 격려해줘 놓고는 막상 어른이 된 현실에선 남들만큼 피로하고 지치는 게 삶이라고, 주류가 아닌 다른 선택은 그만큼 기회비용이 훨씬 크다고 위협하니 그 간극이 클 수밖에 없다.

이 지점에서 주류 페미니즘에 반발하는 여성들이 발생한다. 여성이라서 격려받지 못했거나 여성이어서 삶이 편했거나, 우리네 삶이 표준화된 몇 가지 유형으로 깔끔하게 모두 설명되는 게 아니니 일일이 개별 사례를 다 들기는 어렵다. 어쨌든 대세를 거부했든 대세에서 밀려났든 표준화된 삶에서 벗어난 여성들까지 '82년생 김지영'은 아니라는 것이다. 그만큼 보편성의 교집합이 적어진 시대라는 걸 전제하지 않으면 쓸데없이 여적여를 소환하거나 남녀 간의 혐오를 부추기는 데 이용당하기 쉽다.

영국의 반극단주의 싱크탱크인 전략대화연구소(ISD)는 IS에 가담했다가 돌아온 영국과 네덜란드 소녀 및 여성들을 인터뷰한 결과 그녀들의 선택에 다양한 이유가 있었다고 밝혔다. 자매애(sisterhood)의 호소, IS 국가건설 노력의 일부 또는 더 크고 신성한 무언가의 일부가 되고 싶다는 욕망, 진실하고 순수한 이슬람 생활, 사회적으로 배제됐다는 느낌이나 차별의 경험, 서구 페미니즘에 대한 거부, 사회와 부모에 대한 반항 등(《세계일보》, 2019.11.5).

태극기 부대로 상징되는 광화문 집회에 극우 교인들이 결합하면서 드는 의문점, 한국교회의 성장이 기복신앙과 친보수 세력으로 진행된 것은 맞지만, 그렇다고 해서 이처럼 노골적이고 저속하게 권력을 탐하는 목사에게 끌려다닌 적이 있었던가? 음지에서 후원하는 정도가 아니라 선두에서 정치구호를 외치는 현장에 교인들이 동원 되어 거리 예배를 보는 것, 그 안에서 여성 교우들은 대체 무슨 생각 을 할까? 이 역시 한두 가지로 정리되지 않는다. 각자 개인 사정이 다르고 경험치가 다르고 사고의 결이 다르니까.

IS 여성들이나 82년생 김지영이나 극우교회 여인들이나 자신의 삶이 억울하고 서럽다. 그래서 더 가치 있는 삶을 살고 싶고 더 인정 받는 삶을 살고 싶다. 그것이 안 되면 작금의 이 현실을 견딜 수 있 는 무언가가 필요하다. 물론 남성이라고 다를까 항변할 수 있다. 그 러나 네가 아프다고 내가 안 아픈 건 아니니까.

그렇게 각자 나의 아픔에 매몰되다 보니 다수가 덜 힘든 세상을 만들자고 합의하기가 참 어렵다. 동시에 그 아픔의 조건이 또 서로 다르다 보니 사회적으로 우선순위를 정하지 못한 채 개인은 더 고 립되고 있다. 그리고 이 틈을 비집고 기생하는 추잡한 종교 양상과 사탄의 카르텔, 이게 성서의 묵시록에서 말하는 종말론적 모습이다.

오 마이 갓 오 마이 로드

위선자야, 먼저 네 눈에서 들보를 빼내어라

자한당(현 국민의힘) 덕분에 동물국회가 한창이다. 차라리 식물국회보다 나을지도 모른다. 그래도 월급 값은 하는 것처럼 보이니까. 그런데 이 과정에서 자한당이 보인 미투 악용은 그야말로 점입가경이다. 여성 의원 전진 배치를 몸싸움 전략으로 내세우고 그 와중에 자한당의 임이자 의원이 문희상 국회의장을 성추행으로 고발했다. 내가 진실로 진실로 말하노니, 참 가관이로다!

미투 운동은 약자와 소외된 자의 권리를 돌보는 것으로 비단 여성만의 문제가 아니다. 다만 그간의 현실에서 다수의 여성이 약자와 소외된 자의 처지에 있다 보니 여성 피해자들에 의한 미투가 선행될 뿐이다. 따라서 미투를 악용해 남녀 간의 대립을 부추긴다면 이는 또 다른 피해자를 양산하는 것임을 알아야 한다.

이 모습을 예수님이 봤다면 뭐라 하셨을까? "위선자야, 먼저 네 눈에서 들보를 빼내어라. 그래야 네가 뚜렷이 보고 형제의 눈에서 티를 빼낼 수 있을 것이다."(마태 7,5) 그러셨으리라. 작금의 우리 사회를 지옥으로 만드는 사람들이 누구인가? 바로 위선자들이다. 예수님이 그토록 증오하셨던 그 위선자들이 여전히 우리 사회에서도 기득권층을 이루고 있다.

자기 눈의 들보를 외면한 채 남의 눈의 티를 심판하는 위선자들이 힘을 갖고 권력을 휘두를 때 얼마나 많은 상처가 생기는지 우리는 익히 보아왔고 충분히 절감했다. 그러니 권력투쟁의 수단으로 여성을 내세우는 행위를 중단하라. 당신들이 하찮게 이용하는 미투 때문에 정작 여전히 피해자인 어떤 이들은 숨죽여 울면서도 나서지 못하고 있다. 당신들의 사소한 권력투쟁 때문에 정작 여전히 아프고 고통스러운 이들이 상처에서 나오지 못하고 있다.

위선자여, 미투 운동은 그렇게 가벼운 외침이 아니다. 누군가에겐 결코 잊지 못할 수치스러운 기억에 대한 힘겨운 싸움이다. 그래서 그 누군가는 자신의 전 존재를 걸고 싸우는 과정에서 이미 잃은 것보다 더 많은 것을 잃기도 한다. 그래도 싸울 수밖에 없는 이유가 있다면, 그만큼 성폭력의 악몽에서 벗어나고 싶은 소망이 간절하기 때문이다. 그런데 이를 기득권자들이 권력의 도구로 이용하고 있다. 진실로 진실로 개탄스럽고 한심하고 역겨운 일이다.

성폭력 희생자의 용기로 시작한 미투 외침은 지나간 잘못과 관행

오 마이 갓 오 마이 로드

을 제물로 바쳐 새 세상으로 가는 길을 여는 제사 행위이며 피해자들의 아픔을 기도문으로 올리는 성스러운 의식이다. 그러니 성폭력 피해자들을 우습게 만드는 일련의 모든 정치적 행위를 당장 걷어치워라.

왜냐하면 "거룩한 것을 개들에게 주지 말고 너희의 진주를 돼지들 앞에 던지지 마라. 그것들이 발로 그것을 짓밟고 돌아서서 너희를 물어뜯을지도 모른다"(마태 7,6)라고 성서가 이미 우리에게 경고하기 때문이다.

Part 4

×

잠깐,
신앙은 버리지 말아봐

신학과 종교학의 차이

학문은 인간을 위한 것이지 신을 위한 것이 아니다. 신이 우리 인간에게 요구하는 것은 계시의 말씀을 새겨서 잊지 말고 그대로 행동하는 것, 그것만이 신의 뜻 아닌가. 예수나 무함마드는 무학자였고 대체로 인간의 지식은 신과의 직통 교류를 방해했다. 따라서 신학과 종교학의 차이를 논하는 것 또한 커피우유와 카페라떼의 차이를 구분하는 것만큼 사소한 일일 수 있다. 신학이든 종교학이든 그것이 학문의 분과에 있는 이상 인간의 영역에서 움직일 수밖에 없기 때문이다.

연구 대상이 신이라고 해서 신에 대한 이해가 연구의 목적이 아니듯, 마찬가지로 연구 대상이 종교라고 해서 종교에 대한 이해 자체가 종교학의 목적이 될 수 없다. 결국 신학이든 종교학이든 그와 관련된 '인간'이 연구 대상이다. 종교학자 제라드 반 델 레에우

오 마이 갓 오 마이 로드

(Gerard van der Leeuw) 식으로 말한다면 신학은 신이 지각했던 인간들에 대한 연구이고, 종교학은 신을 자각했던 인간들에 대한 연구이다. 무슨 차이냐고?

연구 주체와 대상이 뫼비우스의 띠처럼 연결되어 있다. 이러니 저리니 해도 결국 인간 연구로 수렴되어버린다. '신이 지각했던 인간'도 결국 인간의 기록이고 '신을 자각했던 인간'도 결국 인간의 기록이다. 즉 신의 선택을 받은 인간도 그 과정을 인간의 언어로 남길 수밖에 없으며, 신을 선택한 인간도 그 과정을 인간의 언어로 남길 수밖에 없다는 이야기다.

그러나 신을 배격하면 그건 신학도 종교학도 아니다. 오로지 인간을 위한 인간에 의한 인간의 종교학은 근접 학문(사회학, 심리학, 인류학, 철학, 역사학 등)에 그 자리를 넘기는 것이 학문으로서의 체계상 명징한 일이다.

그렇다면 내가 아닌 다른 '인간들'은 왜 공부해야 하는가. 무엇을 배우고자? 그것은 타인과 타민족과 타지역을 이해하기 위해, 이해해서 소통하기 위해, 소통해서 공존하기 위해, 그래서 평화롭게 공생하는 것, 그것이 구원이기 때문이다.

경전 통합이 필요해?

세상의 불화가 종교 탓인 것 같아서 종교 간 화합이 이루어지면 세계평화가 이루어진다고 생각하기도 한다. 그래서 경전을 통합하겠다고 한다면, 그건 탕수육 먹을 때마다 부먹이니 찍먹이니 싸울 바에는 차라리 소스를 아예 먹지 말자고 하는 것과 유사한 논리다.

각 종교의 경전에는 그만한 역사적 배경이 있고 또 그 경전만이 가진 독자성이 있다. 그리고 경전 자체가 곧 교단 내지는 종교를 규정하는 것도 아니다. 태동 원인이 다르고 전달 양식이 다르며 성장 과정도 다르다. 경전은 그 시기 시기마다 탄생하고 변형되며 완성되어 온 것이다. 그것 자체가 경전의 가치이기 때문에 보존하고 발굴하며 현대적 해석을 추가하는 데 그 의의가 있다.

성형미인들은 성형 전 사진을 없애고 싶어 한다. 숨기고 싶은 과거라서, 감추고 싶은 모습이라서. 그렇게 과거를 삭제하고 현재부터

오마이갓오마이로드

출발하면 그럼 과거로부터 진짜 자유로워지는 걸까? 그렇게 부정당한 과거의 모습은 진짜 없던 것이 되는 걸까? 그럴 리가, 그래서 구전되던 자료들을 한데 모아 기록할 때 고대에는 충돌되는 내용이 있더라도 모두 존중해서 수정 없이 그냥 기록했다고 한다. 그것이 기록의 가치를 높이는 일이므로, 그것이 선현들에 대한 예의이므로.

혹시라도 어느 종교인이 또는 어느 교단이 자신들의 교리와 경전으로 종교통합을 할 수 있다고 생각한다면 그건 3차원의 세상을 2차원으로 만드는 일임을 알아야 한다. 2D의 세상이 단순하고 간편하긴 하지만 인간은 그런 평면적인 존재가 아니다. 다만 우리가 각각 다른 길로 가더라도 산 정상에 도달하면 만나는 것처럼 정상에서 만날 수 있다면 잘 가고 있다고 안심해도 좋을 것이다.

타자의 언어를 익히고 그 세계관을 이해하는 게 어렵다면 굳이 이를 시도하지 않아도 괜찮다. 존재하는 모든 것을 이해하는 인간이 존재할 수 없게 마련이다. 불가능한 일은 불가능하다고 인정받을 때 비로소 가치를 지닌다. 그러니 할 수 없는 일을 할 수 있다고 단언하지 말라. 그렇게 한 번 누추해진 것은 다시 새로워질 수 없기 때문이다.

성서해석의 자유로움

독일의 사제이자 신학자인 요아힘 그닐카(Joachim Gnilka)의『신약성경신학』(분도출판사, 2014)은 놀랍도록 규모가 방대함에도 불구하고 대단히 섬세하다. 그는 "이 부분이 신약에서 유일하다"라는 표현을 거침없이 사용한다. 반면 "이것과 저것은 상이하다"라는 표현도 망설임 없이 진술한다. 그는 마치 우리가 어린 시절부터 읽어왔던, 그래서 너무나 잘 아는 동화를 어른이 되고 나서 분석하듯이 그렇게 신약을 체화된 상태에서 자유자재로 읽어낸다.

그에게 신약성경 내의 모순되는 진술들은 곤혹스러움이 아니라 풍부함이다. 그래서 그는 매우 자연스럽게 "풍부함은 매혹적이다"라고 선언한다. 이런 열린 사고로 인해 성서는 그에게, 상냥하게 말을 걸어주는 다정한 친구처럼 보인다. 그렇게 친구이기 때문에 변덕스러움은 역동성으로 생각되고, 부산스러움은 활발함으로 다가온

오마이갓 오마이로드

다. 속내를 아는 친구니까 현재의 맥락 없는 행동도 이해하기 쉽다. 친구의 과거를 알기에 소모적인 오해도 하지 않는다.

따라서 우리가 성서에서 경직된 교훈만을 얻는다면, 그건 아주 슬픈 일이다. 성서가 우리를 자유롭게 하지 않고 구속한다면 그건 창조주의 뜻이 아니다. 그닐카는 그래서 "이 해석 과정은 끝나지 않으며 또 그리스도인들과 교회가 존재하는 한 끝나서도 안 된다"라고 말한다.

성서가 나의 책이 되지 않는다면 즉, 내게 주신 선물이 아니라면 하느님도 나의 하느님이 될 수 없지 않을까 생각해봐야 한다. 한국 교회는 그간 각 교단이 성서해석을 독점해왔다. 그래서 특정 교단 내지는 신학교에서 인정한 성서해석에만 권위를 부여했다. 이는 성경을 둘러싼 다양한 해석 여지로 이단을 양산하는 결과를 낳았다. 다양성이 인정되지 않으니 결과적으로 네가 틀린 게 되어버린다.

내가 가진 황금의 귀중함을 강조하면 그만이다. 그런데 굳이 남이 가진 황금은 가짜라고 말해야 하니 서로 적대적 관계, 곧 우리 빼고 나머지는 다 사탄이 될 수밖에 없다. 진리에 등급을 매기는 이런 풍토가 여전히 인기를 끄는 비결이 뭘까? 그건 아마도 교회 안에서만큼은 특별한 존재가 되고 싶은 선민의식이 발동하기 때문이리라.

성서를 읽는 방법

성경이 인류사에서 매우 중요한 책인 건 누구도 부인하지 못한다. 세계에서 가장 많이 팔린 책인 만큼 어마어마한 영향력을 세계사에 미쳤다. 그런데 막상 그 성경을 텍스트로, 그러니까 독서 자료로 읽는 사람은 매우 드물다. 왜일까, 이유는 다양하나 무엇보다 성경 해석에 권위를 부여하는 오래된 습성도 한몫한다.

신자들에게 해석의 자율성을 금지해온 권위적 전통 때문에 성경 해석 자체가 금단의 열매인 양 금기시되어 온 것이다. 게다가 원문이 무엇이냐에 따라 성경 번역에 차이를 보여서 해석의 어려움을 더한다. 그래서 마치 신학자나 성직자 아니면 성경 해석이 안 되는 것처럼 생각해오기도 했다.

일단 천주교 성경과 개신교 성경도 다르다. 신약 27권은 동일하나 구약은 천주교가 46권으로 개신교 39권보다 7권이 많다. 즉, 개

오 마이 갓 오 마이 로드

신교는 총 66권이고 천주교는 73권이다. 그래서 어떤 개신교 신자는 천주교를 이단시한다. 진리여야 할 성경에 비진리가 섞였다고.

그러나 개신교인 중에도 킹제임스성경만이 진리라고 믿는 사람이 있고 또 일부는 개역한글판의 새 버전인 개역개정판을 부정하기도 한다. 대체 왜들 이러는 걸까? 애초에 구전되다 기록된 탓에 처음부터 성경 전체가 통째로 주어지지 않았는데 어쩌란 말이냐.

오히려 그런 차이가 성경이 귀한 자료임을 증명하는 것이다. 어느 날 문득 한 사람이 창작하거나, 하늘의 영감을 몰빵받은 특정 예언자에 의해 정리된 것도 아니다. 그게 성경을 과거의 유물로 화석화하지 않고 현대에서도 끊임없이 새로운 해석을 가능하게 만드는 원천이다. 그거 아는가? 성경에는 좋은 놈보다 나쁜 놈이 월등 더 많고 이스라엘과 주변 강대국의 얽히고설킨 역사는 상당히 폭압적이며, 인간들은 참 일관되게도 신의 말을 안 듣고 결과는 항상 지리멸렬 폭망하는 것을. 그러니까 성경은 대단히 아름답고 엄청나게 고상한 이야기들이 아니라는 거다.

다만 고통 속에서도 짐승이 되지 않으려고, 어떻게든 인성을 버리지 않으려고 버티며 견딘 사람들이 등장한다. 그래서 하느님의 모상을 닮은 인간상과 예수님의 부활과 새 시대의 약속 같은 미래에 대한 비전이 필요했다. 그러므로 성경을 우상화하지 않고 읽을 지혜와 용기만 있으면 된다.

창세기 1장	창조일	창세기 2장
빛 → 낮과 밤 구분	1일	
궁창(창공) → 하늘	2일	땅과 하늘 → 아담
땅, 바다 → 풀, 과일나무	3일	과일나무, 선악나무
해, 달, 별 → 빛과 어둠 가름	4일	네 줄기 강
큰 용들, 물의 생물들, 새들	5일	집짐승, 들짐승들, 새들
집짐승, 기어 다니는 것 들짐승, 남자와 여자	6일	하와
휴식	7일	

우선 창세기 1장과 2장의 창조 순서가 다른 것도 재미있는 발견이다. 이건 성경별 차이 없이 내용이 같으니 비교하기 쉽다.

창조일 기준은 창세기 1장을 근거로 한 것이다. 창세기 2장은 창조일이 따로 없으나 창조 순서가 있으므로 편의상 비교 배치했다. 창세기 2장에서 아담은 1장과 달리 각종 식물과 동물이 창조되기 전, 즉 다른 어떤 피조물보다 가장 먼저 창조된다. 그리고 인간 여자인 하와는 1장에서는 아담과 같은 날 창조되지만 2장에서는 피조물 중 가장 늦게 창조된다.

여기서 그 유명한 갈빗대 이야기가 등장한다. 1장에서는 남자나 여자나 하느님의 모습대로 창조되었음을 강조해 다른 무엇보다 사람의 속성을 중요하게 다룬다. 이에 비해 2장에서는 아담은 흙으로, 하와는 아담의 갈빗대로 만들었다고 해서 새삼 남녀의 창조 순서를

오 마이 갓 오 마이 로드

중시하고 갑자기 내구성에 차이가 나는 재료 정보로 인해 흙과 갈 빗대의 의미에 주목하게 한다.

창세기 1장과 2장의 내용이 다른 이유에 대한 해석 또한 매우 다양하다. 해석의 문제니만큼 다양한 게 당연하기도 하다. 그러나 어쨌든 이런 차이를 인지하지 못하고 우리가 성경을 읽어왔다는 거, 또는 들어왔다는 거, 그 어떤 텍스트도 해석의 풍부함을 제거해버리면 그 책은 그때부터 우상이 된다는 거, 그리고 우상숭배는 내 영혼을 탈탈 털어버릴 수 있다는 거, 이에 대한 자각이 필요하다.

유일신의 꼬이는 계획들

아담의 하느님이며 노아의 하느님이신 아브라함의 하느님은 일관
되게 원하시는 게 있었다. 바로 인간들과 함께 인간들 속에서 사는
것. 그러나 이를 실현하고자 했던 최초의 계획인 에덴동산이 좌초되
자 인간 곁을 떠나 제의의 형태로 공존하는 방식을 선택하신다.

그러다가 인간 세상의 타락을 더 이상 지켜볼 수 없게 된 시점에
서 다시 야훼는 노아를 통해 제2의 하느님 나라 건설을 시도하신다.
그러나 이것도 바벨탑 사건과 소돔성의 멸망에서 보듯이 재차 실패
로 돌아간다.

그래서 제3의 프로젝트가 아브라함을 통해 다시 진행되기 시작
했으며 이를 이뤄나갈 동반자로 사라가 선택된다. 그런데 여기서 사
라의 개입으로 하갈이란 변수가 등장했고 이제 하느님의 백성으로
선택받은 아브라함의 자손은 이삭과 이스마엘 양쪽에서 전개되며

확장된다.

이렇게 하느님은 자신의 계획을 또다시 수정하고 변경하신다. 왜 그런 수고를 거듭하실까? 인간과 함께 살고자 하는 의지만 포기하시면 되는데, 무엇 때문에 인간에 대한 미련을 버리지 못하실까? 최초의 인간을 만드셨듯, 만물을 만드신 저력으로 현재 인간의 문제를 개선해 더 나은 생명체를 다시 창조하는 일은 불가능한 것일까?

그렇다면 지금의 현생 인류가 최선의 피조물 상태라고 할 수 있는 것인지, 아마도 그런 접근이 하느님의 꺾이지 않는 계획, 즉 인간과 함께 살기 프로젝트를 이해하는 데 가장 근거리일지 모른다.

하느님은 인간들에게 아무것도 강제하지 않으신다. 언제나 선택하고 책임지게 하신다. 그렇기에 인간들의 불행한 미래를 미리 볼 수 있어도 예언만 하실 뿐, 그 미래를 자신의 뜻대로 조정하지 않으신다. 그로 인해 야훼 자신도 상처를 입지만, 그것을 감당함으로써 인류와 공존하신다. 그것이 하느님이 우리 인간 곁에서 살아가시는 존재 방식이다.

직접 선택한 백성인 사라의 권리는 사라가 야훼 자신에게 보인 불신에도 불구하고, 사라와의 약속을 끝까지 지켜 주심으로써 야훼 자신의 존재를 증명하셨다. 또한 자신의 계획에 없었던 하갈에게는 하갈의 권리를 새롭게 세워주심으로써 모두의 하느님이란 자신의 위상을 스스로 증거하셨다.

그러므로 사라의 하느님은 언제든 하갈의 하느님인 것이다. 그것이 이스라엘의 하느님이 전 인류의 하느님이 되실 수 있었던 이유가 아닐까? 그렇다면 나의 하느님은 언제든지 너의 하느님이 되실 수 있기에 우리는 그 누구도 선민의식을 가질 수 없다. 왜냐면 관계의 선후성이 곧 우열의 위치를 결정하는 게 아니기 때문이다.

오 마이 갓 오 마이 로드

예수, 진보, 가난, 억울함

인류 역사상 가장 진보적인 인물은 나자렛의 청년 예수다. 그는 약소국 이스라엘의 변방 시골 마을에서 생부가 누군지도 모른 채 태어났다. 그래도 자신을 장자로 인정해준 양부 요셉이 있었기에 예수는 성실한 목수로 성장할 수 있었다. 그래서 예수가 설교자의 삶을 살고자 했을 때, 그의 생모 마리아와 동생들의 반대에 부딪혔다. 예수는 집안에서 경제를 책임지는 가장이었으니까.

그러나 예수는 집안의 반대를 무릅쓰고 대중 연설가로 성공을 거둔다. 예수가 사랑했던 사람들은 가족을 포함해서 가난하고 억울하게 사는 모든 이였다. 그런데 그 가난해서 억울한 이들이 단지 그 이유만으로 그들을 사랑했던 자신을 죽음에 이르게 하리라는 걸 예수는 언제 알았을까?

예수는 민중의 속성을 너무도 잘 알았다. 민중이란 가난해서 억울하고 억울해서 정의롭지 못해도 괜찮은 피해 의식 가득한 집단이란 걸. 그런 걸 알면서도 예수는 민중이 기득권층에 휩쓸려 자신에게 돌을 던질 때도 그들을 사랑했다. 왜 그는 이토록 어리석고 이기적인 무리에게 약했을까? 가난해서 억울하면 약간 불의해도 괜찮은 걸까? 왜냐면 부자면서 더 불의한 인간들이 수두룩한 세상이니까?

배신당할 걸 뻔히 알면서도 가난한 이들에 대한 사랑을 거두지 않았던 청년 예수, 그는 왜 그렇게 무지할 만큼 우직했을까. 무엇 때문에? 그가 조금만 아주 조금만 보수적이었다면 그렇게까지 기득권층의 미움을 받지는 않았을 텐데, 그랬다면 그는 그럭저럭 유명한 설교자로 대중들의 추앙을 받으며 자신의 명대로 살았을 것이다.

예수는 인류 역사상 가장 분류가 안 되는 인물이다. 2,000년 동안 이렇게 논란을 많이 불러일으킨 인물은 일찍이 인류사에 없었고 앞으로도 나오기 불가능할 듯하다. 예수만큼 과거의 유산에 기대지 않고 독자적인 세계를 이룬 사람이 있을까? 그는 가난하고 연약하며 무지한 사람들에게 희망을 제시했다.

우리가 익히 아는 종교들은 구도를 제안한다. 세상은 그저 그런 것이니 각자 마음 닦고 지혜 넓혀 조금이라도 평화롭고 안전하게 한세상 넘겨보자. 인간 그거 잘못된 것들은 고쳐 쓰는 거 아냐, 알면서…….

그런데 예수는 그런 인간들에게, 그야말로 지식도 재물도 없는 빈자들에게 그거 네 잘못 아니니 주눅 들지 말라고, 하늘나라가 그들의 것이라고 기존의 고정관념을 전복적으로 뒤집으며 위로한다. 이로써 종교가 할 수 있는 최대치의 역할이 예수로 인해 생겨난 것이다. 소인배가 천국 가고 아랫것들이 왕이 된다는데, 이 얼마나 경천동지할 사상인가.

그래서 예수가 부처, 공자, 노자보다 위대하다? 그런 이야기가 아니다. 예수의 이런 이상적인 주장은 당대 현실을 외면한 것이었다. 당시 백성은 지금의 민중보다 더 열악한 환경에서 생존이 자존보다 우선했으니 당연히 인권이니 존엄이니 챙기는 일 따위 불가능했다.

그런 상황에서 예수는 지나치게 시대를 앞선 주장, 즉 민중이 주인되는 세상을 제시했다. 그리고 바로 이런 유혹 때문에 거꾸로 기독교가 기회주의적 권력에 악용되기도 쉽다는 것을 예수라는 그 30대 식민지 시골 청년은 알았을까.

이스라엘의 예언자들

성경에 등장하는 이스라엘의 역사는 실제 역사가 아닌 신학적인 역사다. 따라서 사실의 검증보다는 신학적 의미를 이해해야 한다. 그런 맥락에서 예언자 또한 단어 그대로 미래를 예언하는 사람이 아니다. 당연한 일이지만 예언자들의 삶은 편치 않다. 이스라엘의 위기와 타락의 시기마다 예언자가 등장한다. 등장해서 백성들의 잘못을 꾸짖고 회개를 촉구한다. 그러니 그 역할과 소명의 성격상 편한 삶을 살 수가 없는 것이다.

하느님의 존재를 믿는 신앙인들을 모두 예언자라고 한다면, 또는 신앙인들이 모두 예언자가 되어야 한다면 우리는 다수의 예언자 시대 내지는 예언자 평등의 시대에 산다고 할 수 있다. 그런데 이런 시대에도 세상은 왜 이렇게 혼란스러울까? 그것은 아마도 영혼이 살아 있는 개인이 그만큼 적기 때문에 그런 게 아닐까 싶다.

오마이갓오마이로드

성경에는 이스라엘 백성들이 지긋지긋하게 말을 안 듣는 것으로 나오지만, 실상은 그들과 우리 사이의 차이가 거의 없다. 세상에는 하느님보다 중요한 것들이 너무 많다. 돈과 명예와 권력은 다다익선의 미덕이며 가족애는 인간들이 가장 빠지기 쉬운 이기주의의 함정이고 갈수록 관계가 파편화되는 오늘날 자식 앞에 정의 없다.

우리 사회 부조리의 태반이 가족주의로부터 생긴다는 걸 누가 부인할 수 있을까? 내 가족을 위한 일이라면 따질 필요 없이 마냥 정의로운 것을. 누구도 믿을 수 없는 사회에서 그나마 가장 안전한 투자처라 그런 걸까? 자녀가 여전히 부모의 연장선에서 이해되는 한 가족주의의 병폐도 사라지지 않을 것이다.

함세웅 신부와 주진우 기자가 함께 전국의 50여 개 도시를 순회하며 강연했던 현대사 콘서트 내용을 엮어 공저로 『악마 기자 정의 사제』(시사IN북, 2016)를 출간했다. 주진우는 팟캐스트 〈김용민 브리핑〉(2018.10.9.)에서 함세웅 신부님을 만나기 전에 자신은 우리 현대사가 부끄럽다고 생각했는데, 그런 시대를 지켜냈던 사람들의 이야기를 알고서는 생각이 바뀌었다고 고백한다.

그렇다. 어두운 시대에도 그에 저항하며 미래를 열어온 사람들을 기억하는 것, 그것이 우리의 과거에 대해 자부심을 갖는 일이다. 그런 점에서 예언자는 자기 민족의 역사에 대해 긍지를 잃지 않게 하고 민족의 정체성 형성에 기여했다는 데 의미가 있다. 자신을 사랑하지 않는 자가 타인을 사랑할 수 없듯이, 나의 뿌리를 부정하는 민족이 글로벌 마인드를 가질 수는 없는 것이다. 그렇게 해서 가족주의의 좁은 울타리도 벗어날 수 있다면 이거야말로 일타쌍피가 아니겠는가.

오 마이 갓 오 마이 로드

고통과 연대

이사야의 고통에 찬 부르짖음은 그가 예언자로서 하느님이 주신 소명을 다하고자 했기 때문에 생긴 일이다. 세상은 그때나 지금이나 여전히 악하고, 열강 사이에서 약소민족의 정체성이 흔들리는 상황도 당대나 지금이나 변함이 없다.

그로 인한 가난한 사람들의 고통과 그들의 고통을 대속해야 하는 선지자들의 고통은 욥의 일화에서도 보듯, 고통받는 당사자들의 잘못으로 인한 것이 아니다. 그런 점에서 고통은 고통받는 개인의 범주를 넘어선 연대 책임의 문제로, 특히 그 시대의 선각자들은 피해갈 수 없는 숙명과도 같다. 그러니 시대가 불행한데도, 가난한 사람들이 주변에서 고통받는데도 내 마음이 평화롭고 행복하다면 자기 자신을 의심해봐야 하지 않을까.

고통은 분명 불행의 원인이며 결과다. 사디스트가 아닌 이상 고통을 기쁨이라고 하는 주장은 기괴하다. 아무리 고통이 자기 성숙을 이끈다고 해도, 그래서 고통을 축복이라고 한다면 그건 그것대로 고통을 우상화하는 것이니 어리석은 일이다.

그런데 문제는 인간이 구석구석 켜켜이 어리석은 존재라서 다수의 인간은 육이 풍요롭고 만족한 상태에서는 영이 성장하지 않는다는 것이다. 그래서 부자들의 영혼이 미숙하기 쉽다. 물론 이런 일반화는 매우 위험한 사고지만 고통을 통하지 않고서도 성숙할 수 있다면, 그 사람은 존재 자체가 참으로 축복받은 생명이다.

그러나 비 온 뒤에 땅이 굳는다고, 고통은 성장의 필연이며 상처가 성장통의 흔적인 것만은 자명하다. 그러니 비를 피하지 않고 스스로 흠뻑 맞는 것도 고통을 대하는 좋은 자세일 수 있다. 이미 비에 젖은 사람은 더 이상 비 맞는 것을 두려워하지 않는다. 피할 수 없으면 즐기라고도 했다.

그렇다면 고통을 외면하지 말고 고통과 정면으로 마주함으로써, 더 많이 아파하고 상처받으며 더 크게 성장하는 것이 차라리 나을 것이다. 어차피 맞을 비라면 그렇다는 것이다. 내가 스스로 비를 내리게 하는 존재가 아닌 이상 비를 그치게도 할 수 없는 일 아닌가.

같은 일을 겪어도 고통의 강도가 사람마다 다른 것은 각자의 경험치가 다르고 트라우마가 다르고 내공이 다르기 때문이다. 그래서 인지 우리는 위로 삼아 하느님은 그 사람이 견딜 만한 정도의 고통만 주신다고 말한다. 그러나 이런 말이 고통받는 사람에게 위로가 될까? 우리는 그저 자신의 고통을 외면하지 않을 용기와 고통받는 이웃 옆에서 고통을 나눠질 수 있는 마음을 갖는 것, 그것이면 충분하다.

그래야 고통이 연대의 초석이 될 수 있다. 세상이 정의롭고 공정하면 기쁨도 연대의 동력이 될 수 있겠으나, 불공정하고 부조리한 세상에선 고통만이 연대의 동력이 될 수 있다. 소나기 쏟아질 때 같이 비를 맞는 것이 연대이지 열 명 중 두 명만 우산을 쓰는 것이 연대일 수는 없다.

오늘날 신학의 역할

오늘날 신앙인들은 과거에도 그랬듯 고난을 동반한 구원을 원치 않는다. 작금의 고통에서 벗어나게 해주는 신이 최고지, 더 큰 고통으로 빠뜨리는 신이 최고일까. 그러니 당면한 고통을 당장 없애주고 현실에서 더 나은 삶을 살 수 있도록 지원을 아끼지 않는 신, 그런 신이 각광을 받는 건 어쩔 수 없는 일이다. 다만 이런 인지상정이 인간의 마음이란 것일 뿐 그게 신의 뜻인지는 모르겠다.

종교의 속물화는 복이 감각적으로 이루어지고 물질적으로 검증되어야 하기에 필연적이다. 내세는 너무 멀고 사후는 모르겠고, 지금 당장 삶이 힘들어서 종교에 의지하는 것 아닌가. 그러니까 태생적으로 종교는 그런 것이다. 신앙인이든 아니든 평균적인 보통 사람이라면, 현재 내 상황이 지극히 만족스럽고 삶에 아무런 고통이 없는데 뭐 때문에 종교에 빠지고 뭐 하려고 종교에 매달릴까.

오 마이 갓 오 마이 로드

바로 이런 종교의 속성, 그 속물성을 통제하기 위해 신학이 필요한 것이다. 이 세상이 모두 유일자이며 절대자인 신에게 속해 있다고 주장하려면, 종교인들은 종교계 바깥세상에도 관심을 가져야 한다. 그래야 논리적으로 맞으니까. 그러나 현실은 결핍으로 괴로운 사람들의 절박함을 양분 삼아 그렇게 키운 종교권력으로 세속권력까지 얻고 싶어 한다. 그래서 선민의식을 강조하는 교단일수록 탐욕이 미화된다.

상실감을 위로해주는 데는 선민의식만큼 효력 좋은 묘약이 없다. 신에게 선택받은 인간이란 그 명제만 있으면 내가 무슨 짓을 해도 다 신의 뜻이 되니 이렇게 효과적인 만병통치약이 또 어디 있을까? 그래서 신학이 필요하다. 그렇게 무지막지한 논리를 깨기 위해, 그렇게 탐심 많은 교리를 날리기 위해.

신학은 종교 간 울타리를 제거하는 일에 복무해야 한다. 그래서 경계 없는 세상이 되도록 말이다. 교단을 넘어선 종교 간의 화합이란 하나의 교단으로 통합하는 것이 아니라, 교단 간의 배타적 울타리에서 벗어나 서로 다른 종교인들끼리 같은 언어를 사용하는 일이다.

기독교는 말씀이 곧 생명이요, 진리요 빛이다. 그런데 우린 바벨탑 이후 여전히 소통되지 않는 세상에서 살고 있다. 나라마다 언어가 달라서 기호 자체가 소통되지 않는 것보다 더 큰 문제는 형식적으로만 같은 언어를 사용할 뿐 의미가 전혀 통하지 않는 지금의 현실이다.

이는 자국민끼리라 해도 같은 언어를 사용한다고 할 수 없다.

이러한 사회 문제는 그대로 종교단체 안에서 그리고 종교인들 사이에서 여과 없이 반영되어 나타난다. 이런 상황에서는 말씀이 설 자리가 없다. 말씀이란 듣고 깨닫고 전하고 공유하면서 생명력을 확장하는 것이다. 그런데 들어도 들리지 않으니 깨달을 수 없고 깨닫지 못하니 전할 수 없고 전하지 않으니 공유할 수 없다.

그래서 폐쇄적인 자기만의 언어로 '예수 천국 불신 지옥'을 옹알이하고 도를 아십니까를 주문처럼 퍼뜨려 온 사회를 바벨탑으로 만드는 데 일조하고 있다. 신학은 바로 이런 균열의 틈에서 종교와 세상 간에 그리고 교단과 교단 간에 소통의 다리를 놓고 신자와 비신자 간에 또는 신자와 신자 간에 공유의 식탁을 준비해야 한다. 그것이 오늘날 신학의 역할이다.

분명 21세기는 패러다임의 전환이 이루어지는 급물살의 시대라고 감지되나 급류 안에 떠밀려 있는 현 존재인 우리가 이를 선명하게 인식하기란 어렵다. 다만 이 모든 일은 우리 인간이 하는 일이 아니라 신이 하시는 일이니 우리는 신의 언어를 정밀하게 경청하는 법을 더 많이 배우고 익힐 뿐이다.

귀 있는 자는 들어라

성서에는 이 말이 참 자주 반복된다. 왜일까? 학생들과 토론을 해봐도 느끼는 거지만 듣기를 잘하는 사람이 참 적다. 그만큼 남의 말을 듣는 게 어려운 일이다. 특히 공부를 많이 한 사람일수록 신념이 강한 사람일수록 들을 귀가 없다.

그래서일까, 종교적인 사람들은 으레 들을 귀가 없으려니 한다. 간신히 귀가 있는 사람조차도 나이를 먹으면 그마저 가는 귀를 먹는다. 그래서 섬세한 언어를 들으면 해석은커녕 음가로서의 기호 처리도 되지 않는다.

나도 예외는 아니다. 청력이 나쁘다. 타인의 언어를 이해하기까지 너무 많은 시간과 품이 들어간다. 그리고 나서도 오해와 착각이 번다하다. 그래서 모임에서 가장 말을 많이 한 사람이 돈을 내야 한다는 암묵적 룰이 생기기도 했다.

그만큼 남의 말을 듣는 일이 피로하다는 이야기다. 이런 현실이 살짝 두렵다. 우리가 각자 서로 등을 대고 소리를 질러대는 모습, 그렇게 고래고래 소리를 질러도 묵음으로 처리되는 장면이 그렇다.

서로 자기 이야기만 하면 결국 우린 다 귀를 잃을 것이다. 사용하지 않는 기능은 퇴화하는 게 자연의 순리니까. 그런데 종교가, 한국 종교도 예외 없이 우리의 청력을 퇴화시켜서 들을 귀를 없애는 데 앞장서고 있다니 참 슬픈 일이다.

성서에서 이 구절이 계속 반복되는 이유를 전에는 알지 못했다. 소통에 대한 욕구가 없으면 상대의 귀가 트였는지 막혔는지 관심 없기 마련이다. 그리고 들을 귀가 없다고 해서 일상생활이 불가능한 것도 아니다.

자동차 운전할 때 몇 가지 약속된 신호만 사용하면, 목적지에 도착하는 데 전혀 문제가 없다. 좌회전 신호를 좌회전으로 알아듣고, 우회전 신호를 우회전으로 알아들으면 그만이다. 이 정도 소통에는 굳이 들을 귀가 필요치 않다. 약속된 신호를 익히고 사용할 줄만 알면 된다.

반면 귀를 열고 들어야 하는 말들은 쉽게 전달되지도 이해되지도 않는다. 내 언어가 나의 경험과 지식과 감정의 응결체이듯 타자의 언어도 그러하다는 생각을 간과하기 쉽다. 그래서 상대가 전하고자 하는 맥락에서 문장을 듣지 못한다. 기껏해야 나의 언어로 번안해서 들을 뿐이다.

오마이갓오마이로드

반시대적 고찰, 니체와 검은 사제들

19세기에 독일 철학자 니체는 "신은 죽었다"라는 유명한 명제를 남겼고 이 말은 21세기에도 유용하게 쓰이곤 한다. 신의 이름으로 저질러지는 악행들을 보면서 니체는 신의 권위부터 죽여야 할 필요성을 느꼈다. 타인을 지배하고자 하는 권력 지향적인 인간들이 수단으로 이용하는 신의 권위란 차라리 없느니만 못하기 때문이다. 따라서 니체가 죽인 '신'은 인간들이 자신의 이익을 위해 도용하고 남용한, 왜곡으로 굴절된 신이다.

사람들은 편리하게 종교가 전쟁과 분란을 일으켰다고 말한다. 그래서 종교는 지구상에서 없어져야 할 폐단이라는 결론에 다다른다. 인간의 악행을 신의 이름으로 덮는 것이 사실은 가장 파렴치한 반종교 행위다. 그것은 너무 종교적이어서 생긴 일들이 아니라 너무 종교적이지 않아서 생긴 일들이다. 그러니 인간의 탐욕과 이기심을 신에게 돌리는 일체의 행위를 중단해야 한다.

오늘날 지구촌 곳곳에서 신의 이름으로 자행되는 갖가지 악행을 보면, 신은 죽고 싶어도 죽을 수가 없는 것처럼 보인다. 인간들이 지금처럼 신의 이름을 망령되이 부르는 한 신이 어찌 편안히 잠들 수 있겠는가. 따라서 신은 죽고 싶어도 죽지 못하는 것이다.

영화 〈검은 사제들〉(장재현 감독, 2015)은 톱스타 강동원을 내세워 가톨릭 사제복이 얼마나 핏이 좋은 옷인지를 알리고, 그의 옷빨에다 종교 계몽주의를 섞어버린 그런 맥락에서 충분히 종교적인 영화이다. 감독은 초자연적인 현상을 다루는 오컬트적 흥미와 긴장감을 시종일관 유지하면서도 영화 내내 종교 문제를 툭툭 던진다. 감독은 악의 문제를 덮는 것은 신을 없애는 일이며, 종교인들이 자신들의 안위를 위해 종교를 이용해서는 안 된다고, 종교는 개개인의 영혼을 구원하는 일에 집중해야 한다고 말한다.

니체는 죽은 신의 자리에 대신 초인을 세웠다. 초인이라니, 왜 니체는 초인 따위를 창조했을까? 그건 니체의 종교적 배경 때문이다. 그의 아버지는 루터교 목사였고 니체는 죽을 때까지 기독교 문화에서 자유롭지 못했다. 그래서 니체는 신의 자리를 밀어 없애는 대신 그 자리에 초인을 제시했다.

인간의 몸을 가지고 도달할 수 있는 최고의 경지, 신의 도움 없이 도달해야 할 초이성적이고 비역사적인 세계. 그렇게 니체는 인간의

오마이갓오마이로드

육체로 신선이 되고 싶어 했다. 왜 그랬을까? 왜냐면 니체는 여전히 인간의 이성 너머를 포기할 수 없었기 때문이다. 그러니 니체는 비종교적인 사람이 아니라 반종교적인 사람이다.

그는 끝내 종교에서 벗어나지 못했으며, 기독교 신에 대한 고민의 절정에서 초인을 탄생시켰다. 그러나 슬프게도 니체의 말년은 너무 우울하고 비참했다. 그것이 100년을 앞서 내다본 사람의 운명이라고 한다면 어쩔 수 없는 거겠지만, 그래서 이제 초인의 과제는 21세기 우리에게 넘어온 것이다.

은하철도999의 종교성

철이랑 메텔은 어울리지 않아, 주연들끼리 사귀기를 바라는 독자의 기대심리를 저버리는 만화, 보통은 이게 어린 시절 즐겨 봤던 〈은하철도 999〉에 대한 인상평이다. 이 만화가 어마어마하게 심오하고 가슴 아릴 정도로 종교적이란 걸 알려면 어른이 되고, 그러고도 온갖 삶의 부침을 겪고 나야 한다.

이 만화는 1977년 일본 소년 만화 잡지 《소년 킹》에 처음 등장해 2년간 연재됐고, 애니메이션은 후지 TV를 통해 1978년부터 2년 6개월간 모두 113화가 방영되었으며, 극장판은 1979년과 1981년에 제작, 상영되었다고 한다. 우리나라에서는 1981년에 특선만화로 1, 2화가 최초 방영되었다가 반응이 좋아 1982년부터 1983년까지 MBC에서 전편을 일요일 아침 8시에 2편씩 60분으로 묶어 정규 방영했다고 하니, 굉장하다!

그러니까 이 만화는 잡지 연재 도중 TV 애니메이션으로 제작되었고 그 TV 프로가 종영되기도 전에 극장판이 걸렸다는 것이다. 그만큼 인기가 있었다는 이야기니 이 만화의 주제적 난해성에도 불구하고 대중성을 획득한 작가 마쓰모토 레이지(본명은 아키라)의 상상력에 거듭 감탄할 뿐이다.

작품 배경인 서기 2221년은 아직도 201년이나 더 남았다. 그러나 그 상상의 세계가 현실이 될지도 모른다는 생각과 동시에 더욱 놀라운 건 최초 창작 시기가 지금부터 42년 전이라는 것이다. 그때 이미 일본인 마쓰모토는 지구의 우주 열차가 은하계 끝까지 왕래하고 혹성 간 왕복 운행이 활발히 이루어질 거라고 상상했다. 여기서 핵심은 우주의 부자들이 기계의 몸으로 전환하면 영원한 생명을 누린다는 설정이다. 그러니까 기계의 몸은 부자와 선택받은 사람들의 몫이고 자연의 몸은 빈자와 소외된 사람들의 몫이다.

장기 이식 기술이 발전하는 요즘 돈과 생명은 점점 직결되는 문제다. 이제 인명은 재천이란 믿음 따위 고리짝 옛말이 될 판이다. 그럼에도 갑작스러운 사고에는 장사가 없는지라 그런대로 이런 믿음을 유지해 왔으나, 인간의 유약한 몸이 아예 기계로 대체된다면 그땐 이야기가 달라진다.

〈은하철도 999〉에서 기계 몸이 아닌 보통 사람들은 도시의 버려진 곳에서 당장 내일을 알 수 없는 벌레처럼 살아간다. 여기서 우린 인간의 존엄성이란 게 뭔지 다시 생각해보게 된다. 우리 모두 언제 죽을지 모르는 존재라서 생명이 존귀하고 그 유한성 때문에 현재에 최선을 다하는 삶이 아름답다는 고정관념, 그것이 과학 기술의 발전과 함께 하찮게 된다면 우리는 모두 신이 되는 동시에 인간은 더 이상 존엄한 존재가 아니라는 아이러니에 빠진다.

연약한 생명이 가진 유한성에서 벗어나 드디어 신처럼 영생하게 되는 순간 인간은 기계처럼 부품으로 전락하는 것이다. 가치가 사라진 시대에 남는 건 기능적 역할뿐이니, 인간성이란 게 뭔지 문제 삼기도 민망하다. 인간의 유한성이 해결되면 신은 저절로 인간과 결합 상품이 되어 1+1 행사상품 정도의 무게를 갖게 될 것이다. 당연히 그렇게 되면 신은 이제 인간에게 고민거리도 되지 못한다.

안녕이 우리 인간에게 최선의 지향점이라면, 이보다 더 안녕한 세상도 없다. 그런데 왜 철이와 메텔은 그런 세상을 거부했을까? 왜 인간은 기계의 부품이 되어서는 안 되는 걸까? 네오가 안락한 매트릭스의 세계를 거부하고 잔인한 현실인 시온으로 나온 것처럼 여전히 인간이란 존재는 개별 자아와 실존적 고뇌가 특징이라고 믿고 싶기 때문일까?

그런데 서기 2221년쯤 되어 진짜 '은하철도 999'의 세계가 온다면, 아니 어쩌면 그렇게 멀리 가기도 전의 어느 때에 우리 인간들이

오마이갓 오마이로드

여전히 철이처럼 생각하고 메텔 같은 기득권자의 조력을 받을 수 있을까? 그때도 우리 인간들에게 네오가 영웅일까? 글쎄, 왜 아닐 것이란 생각이 드는 것인지.

죽음은 마지막 통과의례

인간에게 죽음이란 뭘까? 인간으로 살아간다는 게 힘들고 나이를 먹어도 인간이 낯설고, 행성 착오로 지구라는 이상한 별에 불시 낙하된 게 아닐까 싶을 정도로 지구인이 생경한 그런 사람조차도 죽음을 이야기하는 건 쉽지 않다.

죽음을 삶만큼이나 많이 생각해봐도 여전히 죽음은 살아 있는 인간들에겐 이질적인 통과의례다. 통과의례? 그렇게 말해도 될까 싶지만, 죽음 이후를 모르기 때문이다. 그런데 괴물도 자주 보면 귀엽게 보이지 않던가. 미적 감각이란 게 노출 빈도에 영향을 받는 탓에 카메라 마사지라는 것이 그렇듯 대중에게 자주 길게 노출될수록 이쁘고 잘생겨 보인다.

죽음도 그런 존재가 될 수 있을까? 많이 겪으면 친숙해지는, 좋지도 싫지도 않은 그냥저냥 그런 존재. 평소 자주 많이 생각했더니 두

오 마이 갓 오 마이 로드

려워서 절대 마주치고 싶지 않은 그런 미지의 존재가 아니라 언제 어디서 만나도 특별하지 않은 익숙한 존재. 가끔은 빨리 만나고 싶은 그런 자연스러운 존재.

그런 게 죽음이라면 죽음을 일부러 찾아다닐 필요는 없지만 그렇다고 피해 다닐 필요도 없는 딱 그런 존재가 죽음이어야 하지 않을까? 우리가 항상 죽음을 예비하고 살아간다면 좌절된 욕망들이 만들어낸 아수라들의 지옥에서 우리 스스로를 구원해낼 수 있지 않을까?

인간에게 죽음이 누구든 언제든 맞이해야 하는 삶의 한 형태 또는 인생의 마지막 통과의례라는 것을 우리가 잊지 않고 살아간다면, 적어도 극단적으로 모진 인간, 이해할 수 없을 정도의 사악한 인간은 사라지지 않을까 싶다. 더불어 소시민의 정의감도 조금은 공적인 영역으로 기울어지지 않을까 하는 기대감이 생긴다.

모르는 게 약? 무지는 죄!

정신연령이 특정 시기에 멈춰버린 사람들이 있다. 아니, 많다. 아니, 아니, 나이에 맞게 성숙해가는 사람들이 훨씬 적다. 훨씬, 훨씬, 더 적다. 왜일까? 이유는 간단하다. 세상은 지나치게 넓고 인간은 지나치게 변덕스럽다.

인간사도 동물의 왕국이지 하고 보면 동물성 안에 식물성이 농후하고, 간혹 초자연성마저 잠복해 있고, 사람답게 살아야지 하고 살라치면 짐승보다 못한 인간들이 곳곳에서 지배층으로 군림해 있다. 그래서 사고를 멈추고 자신을 방어한다. 도저히 따라잡을 수 없는 인간 세상의 우여곡절 속에서 해석을 포기해버린다.

그게 속 편하다. 요지경 같은 세상, 내 탓이 아니다. 그런데 문제는 그래도 문제가 생긴다는 것이다. 오히려 그래서 문제가 더 커지는 것, 이게 아이러니다. 남 탓 세상 탓 날마다 오지게 하는데도 속

오 마이 갓 오 마이 로드

이 편치 않다. 나도 누군가에겐 남이며 세상의 일부인 것을 모르니, 그냥 나만 억울하고 서럽고 세상이 원망스럽다.

이게 다 내가 약자라서 생긴 일 같다. 그러니 내가 문제가 아니다. 약자가 문제다. 그래서 만만한 더 약자를 만나면 혐오감이 치밀어 오른다. 저 약함이 모든 문제, 만악의 근원 아닌가. 그러니 어서 짓밟아서 없애버리자. 뿌리째 뽑아서 멸종시키자. 최하층의 약자를 없애면 내가 최하층이 될 텐데 그건 내 알 바 아니다.

그러니 모르는 건 약이 아니다. 몰라서 타인에게 피해를 준다 해도 그건 명백한 죄악이다. 그러니 죽기 전까지 공부할밖에 달리 묘법이 없다. 정신연령이 이대로 멈출까 봐, 약함에 대한 혐오가 우월감으로 포장될까 봐, 모름이 두려움이 되어서 내 안의 사악함에 먹이를 줄까 봐.

바로 이런 무지의 틈새에서 종교의 폭력성이 정당화된다. 나의 구원을 방해하는 모든 타자가 사탄이다. 내가 받은 은혜를 부정하는 모든 타자가 악마이며, 나의 거룩함을 믿지 못하는 모든 타자가 적대자이다. 그러니 종교인들에게 무지는 그보다 더 큰 죄가 없을 정도로 심각한 죄악이다.

그나마 종교가 있어서

스위스 태생의 철학자이며 소설가인 알랭 드 보통(Alain de Botton)은 『무신론자를 위한 종교』(청미래, 2011)에서 "신을 믿지 않아도 좋다. 그러나 그간 종교가 문화, 예술, 윤리 등에서 이룩한 업적을 외면하는 것은 서구 문명을 통째로 거부하는 행위다. 군이 그럴 필요가 있을까, 종교의 외피는 버리되 그로 인해 발전한 사상, 정신세계 등은 우리 인류의 자산으로 인정하고 수용해야 한다"라고 말한다.

옳은 말이다. 종교를 버리겠다고 종교가 이룬 업적도 버리는 것은 어리석다. 인류의 문화유산이란 게 거의 종교를 기반으로 한 것들 아닌가. 그런데 문제는 다른 데 있다. 우리 인간들이 그 정도로 성숙하냐는 것이다. 우리나라는 물론 세계 곳곳에서 종교를 방패 삼아 인간의 탐욕을 정당화시키는 일들을 보고 있노라면, 인간은 구제 불능처럼 느껴지고 종교는 인간들의 부끄러운 행동을 합리화해주는 사악한 도구처럼 생각된다.

그러나 달리 생각해보면 그나마 종교가 있어서 인간들이 부끄러워하는 게 아닐까 싶기도 하다. 물론 합리화는 비겁한 위선이지만 그마저도 하지 않는 세상이란 더 끔찍하지 않을지, 정당화는 가증한 포장이지만 그래도 그게 동물과는 다른 인간의 양심 때문은 아닐지, 종교가 악용되는 현실이 안타깝지만 그래도 그게 최후의 보루가 아닐지.

다시 말해 종교 때문에 싸우는 것이 아니라 원래 싸울 거였는데, 그나마 종교 덕분에 명분이라도 내세운다는 뜻이다. 흔히 말하기를 인간이 다른 어떤 짐승보다도 잔인하다고 그러는데, 과연 그럴까? 적어도 짐승은 자기 배고플 때만 살생한다고, 생존에 꼭 필요한 것도 아닌 부의 축적과 권력의 남용으로 다른 존재를 죽이지는 않는다고 한다. 그런데 이런 종류의 비판, 즉 인간도 동물이니까 하면서 여타의 짐승들과 비교하는 이런 관성적인 비판에 진짜 문제는 없는 걸까?

생존이면 모든 게 용서되는 상황은 자연과학의 발달과 맞물려 있다. 특히 생물학과 의학 분야에서는 생명 보존과 연장이 우리 인간 삶의 최대 목표요, 인생의 궁극적인 지향점이라 주장하는데 이 범주에 모든 종류의 인간들이 해당하는 것은 아니다. 더욱이 그 연장선에서 영생 교리를 위치시킨다면, 그런 종교야말로 동물적 본능에 너무 충실한 게 아닐는지.

　동물이 열등하다는 게 아니다. 동물과 인간은 다르다는 이야기다. 사슴을 사냥하는 사자의 진지함이 때로는 감동적이기도 하다. 그러나 그것이 인간적이지는 않다. 인간에게 동물적 본능이 95% 이상이라 한들 그것을 근거로 인간이 곧 동물이며 고로 짐승이란 증거가 되지는 않는다.

　그런데 지금 우리는 그런 동물적 본능을 너무 많이 인정하고 있지는 않은지, 약자에게 가혹한 우리나라 같은 사회에서 과연 이게 괜찮은지 두려울 때가 있다. 그래서 알랭 드 보통이 무신론자로 보이지 않는다. 그에게 신은 가타부타 논의할 대상이 아니다. 그러니 유신론이든 무신론이든 그런 걸 굳이 따질 이유가 없다.

　그러나 종교가 이룩한 문화유산, 서구의 정신세계를 구축해온 그 문화유산을 버리는 건 아쉽다. 이런 그의 논리는 무신론자를 지성인으로 여기는 사회에서 무신론자의 언어로 종교와 신을 이야기한 것이라 하겠다. 그래야 소통할 수 있으니까. 그가 선택한 전략은 무신론자의 언어로 무신론자들을 신의 세계로 끌고 가는 것, 그렇게 보인다.

　우리가 인간의 존엄성을 버리고 동물로서 살아가는 데 만족한다면 어쩌면 지구 생태계는 지금보다 평화로워질 수 있을지도 모른다. 그러나 인류는 그간의 역사를 통해 인간이 그럴 수 있는 존재가 아님을 끊임없이 증명해왔다. 타인에게 존중받고 싶어 하는 욕구, 사랑하며 사랑받고 싶어 하는 인간 특유의 기질은 야생동물을 반려동물로 만들어버렸다.

인간의 자존감은 때로는 생존 욕구를 넘어서고 인간으로서 긍지가 손익계산보다 우선시될 때가 있다. 그러니 인간을 동물로 보는 것, 그것이 오류라는 게 아니라 왜 인간에게는 동물성 이상을 추구하려는 성질이 있느냐, 그것을 문제 삼는 것이다. 진화론으로 보면 이것은 매우 비합리적이고 비효율적인 요소이기 때문이다.

신, 당신은 누구인가?

우리는 우리의 신을 함께 만들었을까? 아니면 각자 개별적으로 자신만의 신을 만들었을까? 글쎄, 모태신앙처럼 자신의 의지와는 전혀 무관하게 그냥 주어지는 태생적 환경도 있다. 살면서 우리를 가장 당황스럽게 하는, 그래서 삶의 투지를 뚝뚝 꺾어버리는 현실이 바로 이것인데, 도대체가 세상과 내가 인연을 맺는 일에서 나의 선택지가 지나치게 적다는 것이다.

그래서 예부터 내려온 깨달음, 선조의 선조들이 절망과 좌절에서 건져 올린 지혜, 세상일이 내 뜻대로 되든? 하는 변치 않는 진실 앞에서 우리는 신을 쉽게 버리지 못한다. 인간의 창조능력은 우리 안에 있는 성질의 것, 즉 우리가 지각할 수 있고 인식할 수 있는 범위 내로 한정되기에 그 이상은 인간의 영역 밖이라 불가능하다.

질료 없이 형상이 만들어지지 않으며, 그 형상마저도 전혀 새로운

오 마이 갓 오 마이 로드

것이란 존재할 수 없다고 믿기에 그렇다. 여기서부터 벌써 믿음의 영역이다. 그런데 '신' 개념은 항상 인간의 능력 너머 존재해왔으므로 우리에게 신은 여전히 필요하고, 간절히 필요하다.

인간을 생물학적 특징으로만 설명하는 것, 이 분야에선 진화생물학자 리처드 도킨스(Richard Dawkins)가 독보적인데 그는 이기적 유전자로 인간 사회의 모든 행태를 설명한다. 그러나 사실은 그 이기적 유전자마저 왜 굳이 이타성을 가장하는지 종족 보존 본능만으로는 잘 설명되지 않는다. 무엇 때문에 유전자가 자신을 희생하면서까지 종족 보존을 하려고 하는지, 개별의지를 뛰어넘는 그 종족이란 게 대체 뭐라고, 이렇게 목적의 필연성이 사라지는 순간 모든 가설은 장식이 되어버린다.

그런데 그 장식만으로 우리 인간은 살아가지 못하도록 만들어졌다. 왜일까, 왜 우리는 삶의 의미를 찾아 구도하도록 제작되었을까? 현 인류의 축적된 자산, 즉 지금까지 이루어놓은 모든 자질 그 너머를 우리가 또는 내가 추구하는 이상 신은 존재하는 것일 수밖에 없다. 무엇으로 이것을 설명할 수 있을까?

우리에게 신성의 조각이 나누어져 있지 않다면, 우리는 동물에 불과한데 그렇게 우리 인간이 생존만을 위해 살아도 괜찮은 걸까? 그래서 신을 놓을 수 없다. 노력하지 않고 거저 얻은 것이 선물이라면, 우리 생명은 분명 선물이다. 그렇다면 선물을 받은 존재가 있으니 당연히 선물을 준 존재도 있어야 마땅하지 않을까.

신이 없다면 이 모든 우연성에 인간의 운명을 맡겨야 한다. 그것은 인간에게 너무 가혹하지 않은가. 신의 존재가 관념 안에서 형성되는지, 체험 속에서 만나는지, 그래서 신이 어떤 양식으로 실재하는지, 아니면 실재하지 않는지, 이에 대해 우리가 모두 하나의 정답을 갖고자 합의할 필요는 없다.

현대인은 실증적인 근거 위에서 실존적으로 존재하기를 원한다. 그러니 나와 무관한 신이 내게 무슨 영향력을 행사할 수 있을까. 아무리 잘 차려진 밥상이라도 내가 먹을 수 없다면 무슨 소용이 있겠는가. 우리가 신을 연구 대상으로 축소하고 객체화해 박제하는 순간 우리의 여정은 막다른 곳에서 끝난다. 결론이 정해진 이상 가 닿을 데가 없어져버리는 것이다.

우리의 이성은 감각 안에 갇혀버리고 과학은 실용성을 넘어가기 어려운, 그래서 그 제한적인 인식력으로 인해 이 우주에서 버림받은 생명체 내지는 여타의 동물과 다르지 않은 생물이 되고 만다. 극단적으로 말해 인간이나 바이러스나 동등한 존재가 되는 것은 물론 인간이기 때문에 생존 이상으로 자기 자신을 지키고자 하는 것, 그런 근성에 대한 원동력을 찾을 수 없게 된다. 이것이 우리 인간이 신을 버리지 못하는 이유다.

강대국들의 우주개발이 과감하게 시도되고 영국의 이론물리학자

스티븐 호킹(Stephen William Hawking)처럼 유명한 과학자가 죽기 직전, 신은 없어, 우주가 이렇게 광활한데 인간보다 지능 높은 외계인이 없겠어? 하지만 외계인이 지구에 온다면 그건 인간보다 고등하다는 이야기니까 괜히 우주에 신호 보내고 그러지 마, 그러다가 인간 세상 끝장나는 수가 있어, 이렇게 유언을 남겼는데 이런 21세기에 살면서 바보가 아니라면 어떻게 감히 신을 이야기할 수 있을까.

그래서 묻고 싶은 것이다. 우주를 정복하면 그다음은 무엇인가? 외계인을 만나면 그것이 끝인가? 우리에겐 여전히 해결하지 못한 과제, 인간은 대체 어디서 왔다가 어디로 가는지, 의지와 상관없이 주어진 운명 같은 게 있는지, 동물이랑 달리 왜 초월성을 찾아 헤매는지, 그런 자연성을 벗어난 인간의 속성이 여전히 궁금하지 않은가 하는 것 말이다.

신성모독과 우상숭배의 경계

스페인 마드리드에서 관광사업의 하나로 웃는 모습이 친근한 이웃집 아저씨 같은 모습의 셀카 찍는 사탄 동상을 세우려다가 가톨릭신자들의 반발에 부딪혔다. 그 마을 전설을 형상화한 거라는데, 그게 신성모독이란다. 사탄은 선하게 웃으면 안 된다는 거, 이건 어디서 나온 논리인지.

이스라엘 하이퍼미술관은 핀란드 작가의 작품인 〈맥지저스〉, 맥도날드 마스코트인 도날드를 십자가에 매단 형상을 전시했다가 곤욕을 치렀다. 이스라엘 내 기독교 신자들의 거센 항의에, 이건 예술작품이라고 처음엔 버텼으나 무력충돌과 폭력이 발생하자 결국 전시를 중단했다.

기독교의 소중한 상징물을 모독했다고 기독교인들이 분노했다는데 누가 봐도 예수가 아닌 맥도날드 캐릭터 모습이고, 대충 봐도 자

오 마이 갓 오 마이 로드

본주의에 대한 풍자인데 대체 이게 왜 신성모독이란 건지. 애당초 끔찍한 십자가형 자체를 신성시하는 게 더 변태스러운 심리 아닌가.

미국에 본사를 둔 스포츠용품 회사 나이키가 운동화 신발 바닥에 에어맥스(airmax)라고 썼는데, 이 글자 디자인이 거꾸로 놓고 가운데만 보면 아랍어 '알라'와 비슷하다고 해서 무슬림들이 불매운동에 들어갔다. 이슬람은 경전인 꾸란의 구절들도 매우 성스럽게 여긴다. 그런 무슬림들에게 알라신을 상징하는 글자를 밟는다는 건 상상도 할 수 없는 불경한 짓이다.

그런데 나이키가 이를 알면서도 악의적으로 신성모독을 했다는 것이다. 전 세계 무슬림 인구가 18억인데 나이키가 일부러 그랬다고? 뭐 때문에? 하긴 '나이키'도 원래 그리스 신화에 나오는 승리의 신 이름이긴 하다. 하지만 글자 전체가 '알라'도 아니고 거꾸로 뒤집어서 '에어맥스'의 가운데 부분만 떼어 보면 비슷해 보인다는 건데, 굳이 그걸 그렇게 봐야 하는지.

대체 무엇이 신성이란 말인가? 동상, 목상, 글자 등 그런 형상물을 진짜 신이라고 생각해서 숭배하는 행위는 우상숭배에 불과하다. 그런데 이게 남의 나라 문제만이 아니다. 우리도 예외 없이 그런 상징물이 뭐라고, 몇몇 기독교인이 남의 절에 가서 불상 깨기, 학교 숨어들어가 단군상 부수기 등을 해서 사회적 물의를 일으킨 적이 있다. 남의 재산을 함부로 파괴하다니 이건 일단 형법에 걸리는 문제.

신성이라는, 인간의 인식으로는 도저히 도달하기 어려워 형상화도 되지 않는 그 궁극의 경지, 인간이 가진 도구로는 표현하기 힘들어서 대단히 애매모호한 그런 성질을 겨우 돌덩이, 나무토막, 기호화된 글자 등에 새길 수 있다고 진심으로 믿는 것일까.

물론 인간에게는 감각에 의존하는 동물성도 있으니, 아니, 상당한 부분이 그러니 신성을 시각화하고 싶은 마음도 충분히 이해된다. 그러나 그렇다고 해서 그 상징물이 곧 존재자 자체가 될 수는 없다. 또 신성이 깃든 것과 신 자체도 동등할 순 없는 것이다.

나 자신이 곧 내 사진과 동급은 아니다. 사진이야 얼마든지 잘못 나오면 버리기도 하고 포토샵도 주저 없이 한다. 신의 형상이라고 해봐야 인간에 의해 주조된 이미지일 뿐 그게 뭐라고, 살아 있는 사람보다 더 귀한 존재가 되어야 할까.

정말 신성모독을 하고 싶지 않다면 신의 말씀대로 실천하며 사는 것, 그것을 행하면 될 일이다. 아무려면 내 안의 신성을 찾아서 지키며 사는 일이 중요하지, 한낱 물건을 숭배하며 사는 것이 중요할까. 날마다 자신을 성찰하기도 시간이 부족한 우리 인간은 참으로 유한한 존재인데 말이다.

신의 딜레마, 악과 고통의 실재

악과 고통의 문제는 신학의 오랜 난제이며 영구과제다. 미국의 신학 교수 바트 어만(Bart D. Ehrman)은 열렬한 근본주의 신학에서 출발했으나 고통의 문제로 고민하다가 현재는 교회를 다니지 않는다고 그의 책 서문에서 읽은 기억이 있다. 신은 왜 인간에게 고통을 주는가, 고통은 인과응보로 설명되지 않는다. 아니면 고통을 없앨 만큼 전지전능하지 못한가, 그렇다면 그런 신이 왜 필요한가?

바트 어만의 이런 질문은 2500년 전부터, 그러니까 다신교 전통과 인간적인 신들이 아닌 유일신이며 절대신 개념이 등장하면서부터 늘 있어왔다. 그리스 신화의 신들은 전지전능하지 않으며 유대교를 제외한 고대 종교는 다신교이므로 이런 문제가 발생하지 않는다. 그리고 유대교에 일부 영향을 미쳤다고 평가되는 페르시아의 조로아스터교는 선신과 악신, 두 존재가 공존하는 구조이니 역시 이 문제에서 자유롭다. 모든 나쁜 행위는 악신에게 돌리면 그만이다.

신은 왜 인간의 불행을 돌보지 않는가? 이런 질문을 하려면 기본 전제가 신은 유일하고 절대적인 존재로 전지전능, 즉 모든 것을 알고 모든 것을 행할 능력이 있다는 지평 위에서만 가능하다. 완벽하고 더 없이 흠결 없는 존재, 이걸 상정하지 않으면 질문 자체가 성립되지 않는다.

그럼 전지전능한 유일신만 존재한다는 전제하에 성립된 질문 중 가장 유명한 고대 철학자 에피쿠로스(Epicouros)가 기원전 4세기에 했다는 그의 논리를 따라가보자.

신은 악을 막을 의지는 있지만, 능력이 없는 것인가?
그렇다면 그는 전능하지 않은 것이다.

악을 막을 능력은 있는데 의지가 없는 것인가?
그렇다면 그는 악한 것이다.

악을 막을 능력도 있고 의사도 있는 것인가?
그렇다면 도대체 이 세상의 악은 어디에 기인한 것인가?

악을 막을 능력도, 의지도 없는 것인가?

　　　　　　　　　　　　오마이갓오마이로드

그렇다면 왜 그를 신이라고 불러야 하는가?

어떤가, 그럴듯한가? 논리는 형식이므로 모든 논리 깨기의 정석은 전제 깨기. 그렇다면 여기서 전제는? 신은 전지전능하다. 이걸 깨서 얻고 싶은 숨겨진 주장은? 전지전능을 내세워 말도 안 되는 짓, 그러니까 신의 이름으로 이상한 짓들 좀 하지 마, 그것이다.

이런 논리가 나온 배경에는 당대 미신으로 인한 폐해, 즉 종교라는 명분으로 벌어지는 비합리적 행태에 대한 전략적 고뇌가 있었다. 그때나 지금이나 종교가 사회 문제를 일으켰다는 걸 알 수 있으며, 에피쿠로스학파의 특징으로 보자면 종교가, 특히 그중 맹목적인 신앙이 무척이나 한심해 보였을 것이다.

마찬가지로 이 신의 정체성 논리가 21세기 한국의 인터넷에서 흔하게 발견된다는 것은 한국사회에서 종교가, 특히 그중 맹목적인 신앙이 거슬리는 사람들이 많다는 증거다. 이는 개독교, 먹사, 괴독교 등 기독교에 대한 혐오 정서와도 맥을 같이한다. 유일신이고 절대신이라며, 전지전능하다며?

이런 혐오의 정서 기저에는 그간 기독교인이 저지른 악행들, 그러니까 독선, 무지, 탐욕, 이기의 행동들이 초래한 조롱과 역겨움이 있는 것이다. 선민의식을 방패 삼아 죄를 짓고도 뻔뻔하게 우기는 그 괴물 같은 모습, 이에 대한 비아냥이므로 신의 정체성 논리를 논리적으로 격파하는 것은 무의미하다.

진짜 문제는 기독교인 중 지도자급일수록 대형교회 신자일수록 무신론자거나 우상숭배자라는 거다. 태초에 신이 없었기에 죄를 짓고도 참회하지 않거나, 아니면 그들이 선택하고 만든 신은 그들이 무슨 짓을 해도 복을 주니까 죄도 은혜로 둔갑시키는 것이다.

그들 스스로 신이 있다면 절대로 할 수 없는 일들을 버젓이 하는 걸 보면 에피쿠로스 논리는 정작 종교 문제를 일으킨 자들에게는 아무런 타격을 입히지 못한다. 그래서 에피쿠로스의 논리는 원래의 목적을 달성하는 데는 실패했다. 맹목적인 신앙인들은 어차피 무논리거나 비논리이다.

무논리는 사탄아 물러나라, 비논리는 인간이 감히 신의 뜻을 알아? 하찮은 인간의 논리에 갇힐 만큼 신이 그렇게 만만해? 그래 버리면 그만이다. 게다가 신학 공부 좀 했다고 하는 신학교 출신자, 그들 중 일부는 무신론자이니 이 회심의 논리는 애초부터 소기의 성과를 거두기 어려운 것이다.

그들보다는 오히려 혼자 진지하게 신학적 질문을 해왔던 사람들이 이 고민에 빠진다. 세상 곳곳에 고통과 악이 만연하기 때문인데, 그게 하필이면 악은 강자에게서 고통은 약자에게서 더 많이 발견되어 곤혹스럽다. 차라리 악과 고통이 비례해서 공평하게 나타나기만 해도 인과응보라고 퉁칠 텐데 그게 되질 않는다.

오마이갓오마이로드

강자의 악함에 약자가 고통받는 종말론적 구조, 불의가 세상의 기준이 되는 그런 세계에서 종교는 강자를 축복하고 있으니 양심적인 사람들이 훨씬 더 괴로운 것이다. 그래서 소심한 절충주의자들은, 신께서는 악과 고통을 통해 우리 인간이 더 큰 선으로 나아가게 하신다는 다소 억울하고 소박한 반론을 펼친다.

이걸 정신승리라고 평하면 좀 자학적이려나, 그럼 처음부터 잘 만들지 인간이든 세상이든 왜 불량하게 만들어서 이 고생을 시켜, 이런 마음이 들어 빈정 상한다. 그래서 대담한 순응주의자들은, 신께서 인간을 너무 사랑하셔서 자신의 모상으로 만든 탓에 자율의지를 과하게 주셨다고, 그러니까 문제는 신이 아니라 인간에게 있다고 그렇게 주장한다.

인간에게 온갖 능력 다 줬더니 왜 자기들끼리 못 잡아먹어서 난리인지, 원래는 평화로운 세상을 이렇게 악으로 고통으로 얼룩지게 만든 건 순전히 인간의 탓이라는 거다. 자율의지라는 만능키, 이 해법은 인간들의 자존감을 높이고 미래에 대한 가능성을 열어 두기에 고무적이다.

그러나 여전히 자연재해처럼 불특정한 피해에 가난한 자들이 더 많이 노출되는 현실, 즉 인간의 자율의지와 무관한 고통을 설명하지 못한다. 더구나 그 자율의지는 모든 인간에게 공평하게 잠재되어 있지도, 발현되지도 않는다. 자율의지가 사람에 따라 다르게 드러나는

데, 그걸 기준으로 인간 행위의 선과 악을 구분하는 것이 과연 타당한가? 그런 의심이 들 수 있다.

그럼 어쩌자고? 신학은 인간에 의해 해석된 신을 연구하는 학문이다. 우리 각자가 성전이란 이야기는 그 성전마다 신이 있다는 뜻이니 자신이 경험하고 고백한 신의 모습대로 살면 그뿐이다. 대신 남의 성전을 침범하지 말라. 전지전능 운운하며 타인을 속박하고 자신의 욕망을 채우기 위한 수단으로 신을 자기화하는 그런 유혹에 빠지지 않게 매사 조심할 일이다.

우리 각자가 자신의 성전만 잘 지킨다면 자연재해나 불의의 사고처럼 인간의 영역 너머는 막지 못해도 사회 전체가 느끼는 고통의 총량은 줄일 수 있다. 사실 거의 모든 고통은 인재로 초래되거나 대다수 악은 사람에 의해 저질러지는 것이니 공동체가 함께 대응하도록 각 개인이 성장하는 수밖에 없다.

정리하면, 신의 전지전능은 관점에 따라 종교에 따라 신앙심에 따라 해석이 달라지는 개념이다. 그러니 그걸 굳이 공동체가 토론하고 논의해서 하나로 합의할 필요는 없다. 다만 우리 인간이 내 안의 신성을 발휘한다면, 구태여 신이 선한지 악한지 유능한지 무능한지 따질 필요도 없다. 다수에게 결정권이 있는 민주주의 사회에서 다수가 자신의 탐욕을 내려놓고 선량한 마음을 드러낸다면, 저절로 악의 총량이 줄어들 것이며 그만큼 고통의 총량도 감해질 것이기 때문이다.

오 마이 갓 오 마이 로드

종교와 신앙의 관계

종교와 신앙을 구분할 필요가 있을까? 당연히 그렇다. 가나안 성도와 냉담자가 증가하는 현실이 엄연히 객관적으로 존재하는데, 이를 모른 척 무시할 수는 없는 것이다. 제도종교에 상처받은 사람들이 그래도 버리지 못하는 신심이 있다면, 비록 지금은 종교인이 아니지만 그래도 여전히 신앙인이란 고백이다. 그런 점에서 종교와 신앙을 구분하는 것은 의미가 있다.

자기 마음에 맞는 종교를 찾아 신앙생활을 하는 것은 좋은 일이다. 의지가 되는 종교 공동체에서 자신의 영혼과 닮은 사람들과 교류하는 것 역시 괜찮은 일이다. 그럴 수 있다면, 또는 그것을 바란다면 얼마든지 그러면 된다. 그러나 그럴 수 없다면, 또는 그것이 어떤 이유로든 힘들다면 그건 그것대로 괜찮다는 것이다.

혼자인 게 외로워서, 외로운 게 견딜 수 없어서, 그래서 사랑하면 상대도 나도 그 사랑에 상처받기 쉽듯이 종교를 갖는 일도 그렇다. 다른 목적이 있으면 다치기 쉽다. 그러니 혼자만의 시간을 갖는 것도 나쁘지 않다. 종교단체의 의례와 모임에 참여하는 것만이 신앙의 유일한 형태는 아니다.

그간 저주받고 협박받은 것 때문에 두렵고 억울해서 종교를 외면하고 싶다면, 이제 자유로운 영혼으로 자신이 진짜 원하는 신앙을 찾아보라. 그간 세뇌받은 교리와 설교가 한심하고 괘씸해서 종교를 증오하게 됐다면 자신의 내면에서 울리는 자기 목소리를 들어보라. 내가 종교에 무엇을 기대했는지, 나는 자신에게 변명하지 않아도 될 만큼 떳떳한지.

신앙인이 되는 일은 소속단체 없이도 가능하다. 다만 그것이 더 어렵다. 어디든 기댈 데가 있는 삶이 한결 버티기 수월하다. 이 거친 세상을 혼자 순례하는 길은 외롭고 힘겹다. 그러니 종교를 선택하는 것도 나쁘지 않다. 다만 들어가고 나오고 하는 일에 부담을 느껴서는 안 된다는 것이다. 들어가 봐야 실체를 알 수 있고, 아니다 싶으면 언제든 나올 수 있어야 제대로 된 종교단체다.

그런 일로 벌하는 신이라면 그런 신이야말로 없는 것이 인간에게 유익하다. 신앙의 힘으로 내가 지금보다 더 나은 인간이 될 수 없다면, 굳이 종교를 가질 필요도 신앙을 지킬 이유도 없는 것이다. 그래도 종교를 가져서 세속적 이익을 도모하겠다면, 그건 그것대로 개인의 선택이니 남이 간섭할 문제가 아니다.

그러나 종교에 상처받아서 자신의 신앙도 버리겠다고 한다면, 그건 좀 비겁하고 위험한 선택이다. 자신의 영혼을 공허하게 만들어 세렝게티 초원의 피식자로 자신을 내모는 거, 그것은 언제든 할 수 있는 일이니 그다지 서둘 필요가 없다고 하겠다.